齐鲁文化中的
天人合一

姜喜任 著

人 民 出 版 社

目　录

七、齐鲁文化天人合一智慧的时代价值

绪　论

　　齐鲁文化有广义和狭义之分，广义的齐鲁文化泛指今山东一带的地域文化，狭义的齐鲁文化专指先秦齐、鲁两国的文化，是两国文化的合称。本书的内容以狭义的齐鲁文化为中心，重点探讨其中蕴含的天人合一思想。作为中华文化的精神特质之一，天人合一的主要思想源头即齐鲁文化，正是齐鲁先民在海岱之间的生产生活实践孕育了广大而又深邃的天人合一智慧。为了叙述的便利，本书选取了先秦时期活跃在齐鲁大地上的几个重要思想家，包括孔子、墨子、管子、孟子、邹子、荀子等，涉及诸子百家中的儒家、墨家、阴阳家、稷下道家、法家等学派。通过分析讨论上述诸子与诸家思想中的天人合一智慧，厘清齐鲁文化在天人关系问题上的思路与答案，并进一步回应当今的文化发展问题。

（一）天人合一——中华文明的独特精神品质

天人合一是中国文化的独特精神品质。钱穆曾指出，中国文化对人类最大的贡献就是天人合一论。[①] 作为中国文化的核心观念，历来学术界对天人合一观念有不同的理解。冯友兰曾把中国文化中"天"的观念解读为五个层面的含义：一是物质之天，即与地相对应的天；二是主宰之天，即作为人格神的天、帝；三是运命之天，即人生中人所无可奈何者；四是自然之天，即自然界的运行；五是义理之天，即宇宙之最高原理。[②] 实际上，天是一个综合性、整体性概念，它拥有不同面向的含义，因而可以把冯友兰对于天的五种不同理解归结为三类：一是物质之天与自然之天为一类，强调的是天的自然生态面向；二是主宰之天与运命之天为一类，强调的是天的宗教主宰面向；三是义理之天为一类，强调的是天的道德义理面向。与天这一概念不同面向的含义相对应，天人合一观念也就获得了不同的意涵。

首先，天人合一的生态文明向度，即人与自然生态的和谐统一关系。从人与自然关系的角度讲，天人合一的核心内涵是人与自然的和谐共生。长期的农耕实践孕育出中国人与自然一

---

① 钱穆：《中国文化对人类未来可有的贡献》，《中国文化》1991年第4期。

② 冯友兰：《中国哲学史》，华东师范大学出版社2000年版，第35页。

体的观念，在古代中国人看来，人从天地自然中来，与自然万物是一个有机的整体，因而人与自然的关系应该是共生共荣的。与西方文明主客二元对立的特性不同，天人合一凸显了中华文明的突出特性。

人与自然的关系问题是人类自诞生以来就面临的核心问题，中华文明在应对这一问题时采取了与西方文明不同的解决方案。原因在于中华文明属于农耕文明，而西方文明则是海洋文明。西方文明起源于古希腊，古希腊地处巴尔干半岛南端，境内多山，三面临海。这种地理环境决定了古希腊人必须向外求发展，因而桀骜不驯的大海自然成为他们要征服的对象。人与自然的这种对立与紧张随着西方工业文明的发展而进一步恶化，造成了严重的生态危机，以至于西方思想家纷纷到中国传统文化中寻求解决生态危机的思想资源。[①] 尽管齐鲁大地同样临近大海，但是黄河流域、华北平原以及温带气候等因素促使齐鲁大地发展出中国较早的农耕文明。中国人在日复一日的耕作中养成了春生、夏长、秋收、冬藏的生活习惯，"靠天吃饭、靠地穿衣"的理念深入人心，人与自然浑然一体。传统中国人认为，善待自然就是善待人自身，这种生态理念对于解决当今生态危机具有重要启示意义。习近平总书记指出："我们中华文明传承五千多年，积淀了丰富的生态智慧。'天人合一'、'道

---

① 赵光辉：《天人合一生态阐释的回眸与省思》，《齐鲁学刊》2022 年第 4 期。

法自然'的哲理思想，'劝君莫打三春鸟，儿在巢中望母归'的经典诗句，'一粥一饭，当思来处不易；半丝半缕，恒念物力维艰'的治家格言，这些质朴睿智的自然观，至今仍给人以深刻警示和启迪。"①

中华文明以儒、道二家为代表，虽然儒、道二家在致思取向上有很大的差异，但是就人与自然的关系问题来说，二家的基本理念是一致的。孔子提出"仁者乐山，智者乐水"的生态理念，表达了人与自然的和谐友好关系。据《论语》记载，孔子让弟子们各言其志，曾皙说："莫春者，春服既成，冠者五六人、童子六七人，浴乎沂，风乎舞雩，咏而归。"(《论语·先进》)曾皙是曾子的父亲，他的志向是在暮春三月，与好友们一起着春装，游沂水，迎风歌唱。孔子听了之后，深表赞同，夫子喟然叹曰："吾与点也。"孔子与曾皙的志向一样，都是与自然和谐相处，融入自然之中，与天地一体。孔子不仅是这样说的，更是这样做的。《论语·述而》："子钓而不纲，弋不射宿。"孔子虽然钓鱼，但却从不用密网拦河捕鱼；孔子虽然射鸟，但却从不猎击巢中之鸟。这说明孔子是以仁爱之心对待自然万物，极力克制对自然的索取，在人的需求与自然的供应之间寻求平衡与中和。与孔子一致，老子提出"道法自然"的生态理念。在老子那里，自然是最高的概念，老子曰："故

---

① 中共中央文献研究室编：《习近平关于社会主义生态文明建设论述摘编》，中央文献出版社 2017 年版，第 6 页。

道大，天大，地大，王亦大。域中有四大，而王居其一焉。人法地，地法天，天法道，道法自然。"(《道德经·第二十五章》)王是人类的代表，王与道、天、地并驾齐驱，同为域中四大，说明老子肯定了人类的崇高地位。即便如此，老子认为人类要想在天地间生存必须效法天地，而天地有其运行的规律，这个规律就是自然。老子的意思是说，自然界是一个有机生命体，它有自身的运行规律，作为自然的一部分，人类不能违背自然规律，如同人必须在天地间生存一样，人必须在自然规律的作用下生存。老子曰："五色令人目盲，五音令人耳聋，五味令人口爽，驰骋畋猎令人心发狂，难得之货令人行妨。是以圣人为腹不为目，故去彼取此。"(《道德经·第十二章》)老子认为，耳目口鼻，穷奢极欲，对自然索取无度，这无异于自取灭亡。道家所推崇的圣人是"为腹不为目"的，所谓为腹，即弱水三千只取一瓢饮，自然界仅供满足自己的正常生理需求。而为目则是目之所及，务求控制，把自然界当成自己泄欲的工具。两种态度差别甚远，圣人去彼取此，选择朴素自守，与自然和谐一体共生。总之，不论儒家、道家，对自然采取的都是友好共生的态度，追求的都是天人合一的理想，由此奠定了中华文明的独特个性。

其次，天人合一的宗教神学向度，即人与天命鬼神的和谐统一关系。以墨家的"天志明鬼"思想和董仲舒的"天人感应"思想为代表，天人合一的宗教神学向度得到了淋漓尽致的体现。春秋末期，诸侯连年征战，百姓困苦不堪，墨子认为这些现象都是由君主的骄奢淫逸造成的。为了限制君主的权力、约束君主的行为，墨子抬出了天与鬼神，用天与鬼神的权威压制君主。墨子认为，天是有意志的人格神，鬼神是天的辅助者，天的意志表现为"兼相爱，交相利"。顺应了天的意志就会得赏，违逆了天的意志就会遭殃。因而，墨子主张在顺应天命鬼神意志的前提下，努力作为，践行兼爱、非攻、尚贤、非乐等主张，这种顺天有为思想是墨子天人合一理念的体现。

继承墨家的天志思想，董仲舒认为天是有意志的，天对人有着监督赏罚的功能，天与人之间的感应是通过气化的形式实现的。董仲舒指出，人和天地万物都是由气形成的，这种同质性决定了人和天地能够相互感应，能够相互感应就说明天和人是一体的。董仲舒认为天和人的构造是相同的，一年有360余天，人身上有366个小骨节；一年有12个月，人身上有12个大骨节；天有五行，人有五藏；天有四时，人有四肢；天有昼夜，人的眼睛有开有闭；天有冬夏，人的性格有刚柔；天有阴阳，人的情绪有哀乐；等等。由此，董仲舒得出结论说天人相副，也就是说天的结构和人的结构是一样的，人就是天的副本，是对天的模拟。正是因为天人相副、天人同类，所以天和人能相互感应。

董仲舒的天人感应思想在汉代医学中得到广泛的应用，《黄帝内经》的养生理论就很能说明天人合一的观念。《黄帝内经》认为，养生的要义在于"形与神俱"，也就是人的形体与精神相统一。中医认为，人是形体与精神的统一体，其中人的形体来自地的阴气，人的精神来自天的阳气，阴气与阳气的交感结合从而形成人的生命，阴气与阳气相分离也就意味着生命的死亡，所以养生的关键就在于保持人的形与神不相离。那么，如何保持形与神俱呢？关键就在于效法天地阴阳的变化规律，遵守天文、历法等数术的吉凶趋避方法，让我们的饮食、起居等一切行为都与天地阴阳的变化相一致、相和谐，也就是做到天人合一。

比如，《黄帝内经》第二篇《四气调神大论》就按照四季的变化调整人的养生方法。春天天地之间阳气的力量逐渐增强，万物开始发芽生长。这个时候，人应该顺应阳气生发的特性，睡得稍微晚一点，起得稍微早一点，头发散开，衣服穿得宽松一点，让身体放松，多散步，让精神保持愉悦等等。否则就会伤肝，因为春天五行中的木气比较旺，木代表人的肝脏。夏天天地之间阳气的力量达到极致，万物茂盛并开始结出果实。这个时候，人应该顺应阳气旺盛的特性，睡得再晚一点，起得再早一点，适应夏天夜短昼长的特点，适当午睡做到精神饱满，控制好自己的情绪，不要发怒，心志和精神保持通泰，不要懈怠，对外界事物保持兴趣等等。否则就会伤害心脏，因为夏天五行中的火气比较旺，火代表人的心脏。秋天天地之间阴气的力量逐渐增强，万物开始成熟、收敛。这个时候，人应该顺应阴气收敛的特性，早睡早起，保持心志安宁，减少秋天的肃杀之气对人身体的伤害，收敛精神，不要过度劳神费心等等。否则就会伤肺，因为秋天五行中的金气比较旺，金代表人的肺。冬天天地之间阴气的力量达到极致，天寒地冻，万物闭藏。这个时候，人应该顺应阴气旺盛的特性，早睡晚起，一定要等太阳出来之后再起床，不要过度操劳，收敛心志，保护身体的阳气，注意保暖防冻等等。否则就会伤肾，因为冬天五行中的水气比较旺，水代表人的肾脏。总之，按照《黄帝内经》的说法，人的一切行为都得顺应天地阴阳的变化才行，只有这样才能达到养生的目的，这是中国文化天人合一理念的一种体现。

最后，天人合一的伦理道德向度，即人在道德心性层面达到与天合一的精神高度。具体来说，就是基于人的良心、善性等内在道德心性在日常生活实践中表现为仁、义、礼、智、信等道德行为，通过践行伦理道德体认到德性与天命之间的有机统一，达成天人合一的最高精神境界。天人合一的伦理道德向度以儒家为代表，不论是先秦儒家如孔子、孟子、荀子，还是后世宋明新儒家都以追求德性层面的天人合一为旨归。

按照牟宗三的说法，周代礼乐文化发展到春秋战国时期，由于周代贵族的生命腐化堕落，不能身体力行践行礼乐，从而导致礼乐变成形式主义的虚文。[①] 为了拯救礼乐文化，孔子

---

① 牟宗三：《中国哲学十九讲》，吉林出版集团有限责任公司2010年版，第53页。

提出仁的观念，所谓仁就是用我们的生命去践行礼乐的规范，使周代的礼乐文化生命化，这就是所谓的仁礼合一。颜回问孔子什么是仁，孔子回答说"克己复礼为仁"（《论语·颜渊》），即克制自己的欲望，让自己的一切行为都符合礼的规范，这就是仁了。孔子认为，在成就仁德的问题上，完全取决于我们自己，也就是所谓的"为仁由己"，孔子还说"仁远乎哉？我欲仁，斯仁至矣！"（《论语·述而》）所以只要我们愿意，每个人都能成就仁德。那么，具体怎么做呢？即"非礼勿视，非礼勿听，非礼勿言，非礼勿动"（《论语·颜渊》）。就是说，在日常生活中，我们心里得始终绷紧一根弦，这根弦就是礼，做任何事情都得用合不合乎礼的规范来衡量。孔子认为，在践行仁礼合一的过程中，人就能够体会天命的真正内涵，即践仁知天。

孟子认为，人的本性是向善的，人性向善就好像水往下流一样，是一种自然的本性。喷泉的水之所以往上流，是由外力强迫导致的，同样，人做坏事，也是由于外在原因导致的，不是说人本性是坏的。怎么证明人的本性是善良的呢？孟子举了一个例子：走在路上，突然看到一个刚刚学会走路的小孩马上就要掉到井里去了，我们的第一反应是什么？肯定是心里一惊，然后赶紧跑过去一把抓住那个小孩，每个人都一样。我们之所以这么做，不是为了讨好小孩的父母，也不是为了获得一个救人的好名声，而是一种本能的反应。孟子把人的这种本能的反应称之为恻隐之心，孟子认为，每个人天生都有恻隐之心、羞恶之心、辞让之心、是非之心，顺着这些本心去做事情，自然就能做到仁、义、礼、智、信。这些本心是天生就有的，是上天给我们的，不是从外界学来的。孟子主张，顺着本心去做就能知道自己的本性是善良的，进而知道这种善良的本性源自于天命，即尽心知性知天。

荀子认为，人性是天生的，不能通过学习得来。人性就表现在饿了想吃饭，冷了想穿衣，累了想休息；表现在眼睛喜欢美好的颜色，耳朵喜欢美妙的声音，嘴巴喜欢美味的食物，心灵喜欢丰厚的利益，身体喜欢安逸舒适，这些都是人天生就有的，不是学习得来的。从人的这些表现来看，荀子所谓的性实际上是人的情欲，人的情欲天生就趋利避害，从这个角度讲，人和动物没什么区别。荀子主张化性起伪，所谓伪就是人为，就是说圣人君子通过个人的努力学习、努力思考，制定出一些礼义法度来约束、教化人性，经过约束、教化之后的人性就变好了。在荀子的理论中，化性起伪是人对天命的一种反制。因为人本性（即情欲）的放纵会导致恶，为了限制恶，圣人发明了礼法，礼法即对天命之恶的反制。这就是荀子的制天命而用之，通过积极发挥人的主观能动性反制、利用天命为人类谋福利。总之，儒家天人合一思想的特色在于通过人的德性修养来上达天命，不同于墨家把天视为有意志的人格神，儒家的天是道德之天，是人类德性的根源，儒家正是借助这一点奠定了中华文明重视德性的底色。

综上所述，中华文明天人合一的精神特质有着多个层面的内涵，主要表现在生态文明、宗教神学以及伦理道德等三个方面。需要注意的是，上述三个层面的内涵并不是截然分离的，而是杂糅融合在齐鲁文化的思想体系中。这就提醒我们，在做理论分析的同时不能僵化、机械的将齐鲁文化的有机体系强行分离，而应把它视为一个生命体，在对齐鲁文化的实践中体悟其天人合一智慧。

（二）海岱之间——齐鲁文化的天人合一智慧

自古以来，齐鲁大地的地理区间便以"海岱"为标识。《尚书·禹贡》曰："海岱惟青州。"唐代诗人杜甫《登兖州城楼》诗曰："浮云连海岱，平野入青徐。"在渤海与泰山之间的广大区域内，齐鲁先民创造出璀璨辉煌的地域文化。在齐鲁文化由地域文化转向主流文化的过程中，孕育了天人合一的思想理念。黄河入海之地、渤海与泰山之间、四季分明而又平和有序等自然地理条件对齐鲁文化天人合一思想的形成有着内在的决定作用。

首先，黄河对齐鲁文化有着潜移默化的影响。齐鲁大地是黄河入海的最后一站，黄河经过千里跋涉，携带的大量泥沙在这里形成冲积平原，为农耕文明的形成奠定了坚实的基础。作为中华文明的母亲河，黄河在其下游的齐鲁大地上孕育出光辉的齐鲁文化。从早期的东夷文化，到三代时期东夷文化与夏、商、周文化渐次融合形成中华文明的重要组成部分，再到齐鲁立国、齐鲁文化产生，黄河在其中发挥着潜移默化的作用。①

　　作为东夷族群的代表，大舜的活动轨迹遍布黄河下游的齐鲁大地上。黄河孕育了大舜，更孕育了大舜的德行。大舜因为贤能被唐尧选为天子，大舜即位之后，以德治天下，奠定了中华文化重德的特质。

　　　　故耕于历山，历山之耕者让畔；陶于河滨，河滨之陶
　　者，器不苦窳；渔于雷泽，雷泽之渔者分均。及立为天
　　子，天下化之，蛮夷率服。(《新序·杂事》)

　　据史料记载，原本历山的农夫喜欢相互侵占对方的耕地，大舜听说之后，亲自前往历山耕种，以身作则，纠正不良风气，从而感化了历山农夫，以至于他们都向大舜学习，相互谦让耕地。原本黄河之滨的陶工在做陶器的时候喜欢偷工减料，做出来的陶器粗糙低劣，大舜听说之后，亲自前往黄河边上制作陶器，在他的带领下，当地的不良风气得到纠正，陶工们争着制作质量精良的陶器。原本雷泽的渔夫喜欢争夺鱼获多的水域，大舜听说之后，亲自前往雷泽捕鱼，在他的教化下，雷泽的渔夫们都会把鱼获多的水域让给年长的人。由此可见，大舜以自己的亲身行动感化周围的人，唤醒周围人的道德心，让他们从争夺变为谦让、从自私自利变为惠及他人。大舜的道德教

━━━━━━━━━━━━━━━

　　①　安作璋、王克奇：《黄河文化与中华文明》，《文史哲》1992 年第 4 期。

化成为治理天下的有效手段，决定了此后几千年中华文明政治文化的走向。

　　黄河在给齐鲁大地带来福泽的同时也带来了苦难。作为黄泛区，齐鲁大地饱受洪水的摧残，因而治黄治水就成了齐鲁先民面临的重大课题。相传，早在唐尧时期黄河就经常泛滥，以至于百姓流离失所，苦不堪言。于是唐尧任命鲧治理洪水，鲧治理洪水的方案是建造堤坝，围堵洪水。这种治水方法虽然可以收一时之功，但是日积月累，黄河泥沙越积越多，再高的堤坝也总有决堤的一天。所以鲧治水九年，最后以失败告终。作为鲧的儿子，大禹继承先父遗志，誓要成功治水。大禹总结父亲鲧治水的经验教训，变围堵为疏导，通过平整土地、疏通水道的方式把奔腾的黄河水顺利引流入海，杜绝了河水泛滥的隐患。大禹为了治水，三过家门而不入，这个耳熟能详的故事渲染了中华文明的精神底色，铸就了中国人大公无私、勤劳勇敢、充满智慧的光辉形象。

　　作为齐鲁文化的核心代表，孔子对黄河也有着独特的心理感触与精神寄托。《论语·子罕》："子曰：'凤鸟不至，河不出图，吾已矣夫。'"在古人看来，凤鸟飞临，黄河出图，这是天降祥瑞，预示着圣人受命，天下大治。但是孔子生当乱世，时无明君，天下大乱，百姓悲苦，所以孔子感慨生不逢时，不能得见凤鸟、河图。黄河出图虽然是一种神话传说，但在孔子这里却表达了对圣王出世、天下太平的政治期许，表征着儒家的政治理想。除此之外，黄河之水，滔滔东流，触发了孔子无尽的遐思。《论语·子罕》："子在川上，曰：'逝者如斯夫，不舍昼夜。'"① 黄河之水，滚滚流去，如同世事流转，不可复追。孔子感慨生命在天地间流逝，但他并没有堕入消极悲观和虚无主义，而是倡导积极有为，发展出儒家刚健不息、以德为先的文化追求。《论语·雍也》："子曰：'智者乐水，仁者乐山。'"智者为什么乐水？孔子认为，观水可以启发人的智慧，所以在他周游列国期间每逢大水必驻足观瞻。孔子的行为引起了子贡的疑惑，所以子贡问孔子为何每逢大水必观，孔子回答了自己对观水的理解。

孔子曰："夫水，大遍与诸生而无为也，似德。其流也埤下，裾拘必循其理，似义。其洸洸乎不淈尽，似道。若有决行之，其应佚若声响，其赴百仞之谷不惧，似勇。主量必平，似法。盈不求概，似正。淖约微达，似察。以出以入，以就鲜洁，似善化。其万折也必东，似志。是故君子见大水必观焉。"（《荀子·宥坐》）

孔子从水的功能、特性的角度出发类比出人伦德性，以此说明观水可以启发君子的智慧。孔子认为，水可以滋润万物，赋予万物生长的动力，但却从来不居功自傲，不以万物为

① 据学者考证，"川上"之川指的是孔子家乡的泗水河。但从历史上屡次发生的"黄河夺泗"现象看，黄河与泗水河之间有着密切的关联。可以把泗水归为黄河的支流，因而孔子所在之"川上"也可以视为广义的黄河。

私有，这象征的是一种最高的德性；不论东西南北，水必然往低处流，这是水遵循的规律，象征着面对复杂的社会现实，君子必须要遵循道义；黄河之水，浩浩汤汤，表现出无穷的生命力，没有枯竭穷尽的时候，象征着大道无穷，生生不息；黄河之水，奔涌向前，冲决堤坝，如响应声，象征着果敢勇毅，不畏艰难；大地虽然坑洼不平，但大水流过，必然盈科而后进，呈现出水平之貌，象征着君子做事持有法度而崇尚均平；水满而自平，不必刻意求平，象征着君子持身以正，身正则所言所行自然合法，不必强迫威慑以刑罚；水性柔弱，却可以润物无声，深入骨髓，象征着君子有明察之功，可以洞悉万物之理；水可以清洁万物，赋予万物新鲜、洁净和活力，象征着君子以礼乐仁义教化百姓，使百姓弃恶从善；黄河之水，流经千里，九曲十八弯，但其归宿必然是东方之海，象征着君子拥有坚定的志向，百折不挠，不达目的誓不罢休。孔子对水的功能与特性的描述显然是基于经验的观察，他认为万物的法则与人伦德性有着内在统一性，因而可以由黄河之水引申出君子的行为准则，体现了儒家文化天人合一的精神追求。

总之，黄河对齐鲁文化的影响是润物细无声的。无论是教化于黄河之滨的大舜，还是治理黄河水患的大禹，还是观瞻体悟滚滚黄河水的孔子，齐鲁文化的优秀代表人物都从黄河之中汲取了丰厚的思想营养。在亲近黄河、尊重黄河的同时，齐鲁先哲们感悟黄河、利用黄河、与黄河作斗争，从与黄河打交道的实践活动中催生出与人为善、自强不息、重视德行等道德理念，也孕育了齐鲁文化天人合一的精神追求。

其次，海洋与泰山是齐鲁文化的关键地理标识。齐鲁文化孕育于海岱之间，如果说渤海的波澜壮阔表征着齐文化的创新包容，那么泰山的厚重巍峨则演绎着鲁文化的守正内敛。海市蜃楼的虚无缥缈催生了姜太公波谲云诡的军事智慧，泰山日出的生机勃发孕育了周公旦尊尊亲亲的礼乐思想。齐文化与鲁文化在海岱之间交流互鉴，共同形成中华文化的主体，而渤海与泰山两大地标则代言了中华文化，成为催生齐鲁文化乃至于中华文化的地理温床。

齐鲁大地处于华北平原腹地，恰好黄河流经此地，连接着泰山与渤海。历来平原最大的课题是用水，尤其是如何用好黄河这样的大水更是齐鲁先民面临的严峻问题。好在上天眷顾，齐鲁大地海岱之间的地理形势得天独厚，泰山控引着黄河不致其严重泛滥，渤海接纳着黄河以致其有所归宿。得益于泰山与渤海的共同努力，齐鲁民众才得以生息繁衍延续至今，同时齐鲁文化也才能发展繁荣于泰山脚下和渤海岸边。

在流经三门峡之后，等待黄河的是广袤的华北平原。华北平原上，黄河横冲直撞，一路向东，流归大海。其间唯一能够震慑黄河并左右其流向的是泰山，泰山的南边就是圣人孔子的故乡。曲阜位于泰山之南，地势北高南低，一派阳明气象，孔子的圣人形象及其所创立的儒家思想正是受到泰山的潜移默化与暗中滋养。《论语·雍也》："子曰：'智者乐水，仁者乐山。'"仁者为何乐山？孔子的弟子子张对此有同样的疑问。

子张曰:"仁者何乐于山也?"孔子曰:"夫山者,岿然高。""岿然高,则何乐焉?""夫山,草木生焉,鸟兽蕃焉,财用殖焉。生财用而无私为,四方皆伐焉,每无私予焉。出云雨以通乎天地之间,阴阳和合,雨露之泽,万物以成,百姓以食。此仁者之所以乐于山者也。"(《孔子集语·五性》)

面对子张仁者何以乐山的疑问,孔子回答说是因为山挺拔高耸,但孔子所谓的挺拔高耸并不是指山在物理上的形状与高度,而是指山的物理形状与高度所象征的德性。孟子曾经说过:"孔子登东山而小鲁,登泰山而小天下。"泰山之巍峨高大并不在于其实际高度,而是泰山所象征的崇高德性与王者气派。孔子从这个角度阐发了仁者乐山的原因,孔子指出,山最崇高的德性是无私。山滋生草木,供养鸟兽,同时给人类提供生产生活资料。山拥有大量的财富,但却从来不据为己有。不管是草木、鸟兽还是人类,只要向山索取,山都会无私的给予。山以出云坠雨的形式与天地沟通,实现阴阳交合,从而滋生万物,给百姓提供衣食。君子观察山的挺拔高耸,效法山的崇高德性,从而养成自身的德性,这是仁者乐山的关键所在。孔子从山的物理形状与高度引申类比出君子的道德追求,实现了从山到人的统一,这显然是儒家文化天人合一的体现。基于对山的体察,孔子由泰山之崇高引申出自己的仁政思想,并借此批判了现实政治的残暴。

> 孔子过泰山侧，有妇人哭于墓者而哀。夫子式而听之，使子路问之曰："子之哭也，壹似重有忧者。"而曰："然。昔者吾舅死于虎，吾夫又死焉，今吾子又死焉。"夫子曰："何为不去也？"曰："无苛政。"夫子曰："小子识之，苛政猛于虎也。"（《礼记·檀弓》）

泰山附近有老虎却没有苛政，所以百姓宁可被虎所伤也不愿搬离，因而孔子得出苛政猛于虎的结论。孔子效法泰山之无私，主张治理天下要施行仁爱，对百姓要先富后教，"道之以德，齐之以礼"，反对严刑峻法。尽管孔子的仁爱思想在中国两千多年的封建统治中从来没有被真正贯彻落实过，但仁政却成为中国政治文化的追求。从泰山到仁政，以孔子为代表的齐鲁文化深深打上了天人合一的烙印。

不管黄河在齐鲁大地多么的肆意妄为，它最终还是被渤海收归麾下。正如诗人李白所吟诵的那样，"黄河之水天上来，奔流到海不复回"。渤海成了黄河的归宿，齐文化成了黄河与渤海交汇之后诞下的最后作品。其中，邹衍提出的大九州理论和阴阳五行学说则开拓了中华文化的视野。

> 先列中国名山大川，通谷禽兽，水土所殖，物类所珍，因而推之，及海外人之所不能睹。称引天地剖判以来，五德转移，治各有宜，而符应若兹。以为儒者所谓中国者，于天下乃八十一分居其一分耳。中国名曰赤县神

州。赤县神州内自有九州，禹之序九州是也，不得为州
数。中国外如赤县神州者九，乃所谓九州也。于是有裨海
环之，人民禽兽莫能相通者，如一区中者，乃为一州。如
此者九，乃有大瀛海环其外，天地之际焉。其术皆此类
也。然要其归，必止乎仁义节俭，君臣上下六亲之施，始
也滥耳。（《史记·孟子荀卿列传》）

与儒、墨、道、法等诸家注重现实政治社会人生不同，学
者们对邹衍思想的评价是闳大不经、怪迂虚妄。从邹衍"大九
州"的理论构想来看，他的学说之所以给人闳大怪迂的观感，
很大程度上是因为他深受海洋文化的影响。先秦儒家一直主张
"禹序九州"，即大禹在治理洪水的过程中走遍华夏大地，根据
实际地理形势把中华大地划分为九州。但在邹衍看来，儒家关
于九州的地理认知过于拘谨小气，只能称之为"小九州"。由
小九州组成的中国只是天下大九州之一，中国作为一个大州由
海洋包围。邹衍所谓的海洋分为两类：一是"裨海"，也就是
近海；二是"大瀛海"，即近海之外的远洋。邹衍身在齐国滨
海地带，由亲身观察体验设想到天下由海洋和陆地组成，并且
认识到中国只是天下的一小部分，这就突破了传统学者以中国
为天下的狭隘观念。受当时现实条件的限制，人们无法验证邹
衍的理论，因而责之以闳大怪迂。但从现在来看，邹衍的大九
州理论可以说是一种天才的设想。据王梦鸥的研究，邹衍大九
州说的理论基础是阴阳五行学说，邹衍是以阴阳五行来解释地

理区划。[①] 实际上，阴阳五行学说不仅可以解释地理区划，还可以解释其他任何事物，阴阳五行学说贯穿中国传统思想与现实生活的方方面面，构成中国传统文化的背景与底色。[②] 邹衍提出五德转移说，以阴阳五行比附推演朝代变革，试图揭示历史发展的变化规律，以此指引统治者治理天下。因而，尽管邹衍的学说闳大不经、怪迂虚妄，但其归宿依然是现实政治社会问题。正如司马迁所说："然要其归，必止乎仁义节俭，君臣上下六亲之施"，就这一点来说，邹衍并未脱离中国文化的主旋律。

总之，海岱之间的独特地理环境造就了齐鲁文化的独特精神风貌。孔子以泰山之挺拔高峻比喻君子之德，邹衍以渤海之波澜壮阔推想天下九州。山海之间，天地之间，齐鲁先哲们苦心孤诣地经营着这片沃土，憧憬着天下太平、百姓安居乐业，传统中国的王道政治理想就是在泰山与渤海的双重加持下建构起来并付诸实践的。

最后，四季分明而又和谐有序孕育了齐鲁文化的精神品质。齐鲁大地属于温带季风气候，雨量适中，四季分明。四季更迭带给齐鲁先民的是鲜明的节奏感与秩序感，雨雪调匀滋养万物，催生出先进的农耕文明，春生、夏长、秋收、冬藏构成了齐鲁先民一成不变的生活内容。正是在这样的气候和生活

---

① 王梦鸥：《邹衍遗说考》，台北商务印书馆 1966 年版。
② 葛兆光：《中国思想史》（第一卷），复旦大学出版社 2010 年版，第150 页。

中，齐鲁大地产生了追求秩序与和谐的礼乐文化。

> 乐者，天地之和也；礼者，天地之序也。和，故百物
> 皆化；序，故群物皆别。乐由天作，礼以地制。过制则乱，
> 过作则暴。明于天地，然后能兴礼乐也。（《礼记·乐记》）

乐并不局限于音乐，礼也不是简单的形式仪节，礼乐体现
的是天地的和谐与秩序。天地之间寒暑、燥湿、阴阳调和，因
而万物才能滋生繁衍；天地之间四季分明、高下有别、贵贱有
等，因而万物各有自己的身份与职责。因而，周公制礼作乐的
终极依据是天地之道。假如失去天地的准则与依据，违背天地
的和谐与秩序，那么等待人们的就是礼崩乐坏，暴乱丛生。所
以，必须明白天地的道理才能制定和推行礼乐文化。

> 圣人南面而治天下，必自人道始矣。立权度量，考文
> 章，改正朔，易服色，殊徽号，异器械，别衣服，此其
> 所得与民变革者也。其不可变革者则有矣：亲亲也，尊尊
> 也，长长也，男女有别，此其不可得与民变革者也。（《礼
> 记·大传》）

圣人以礼乐治理天下，礼乐的形式与载体可以随着时代的
变化而更改变革，但礼乐的精神与原则却是不可改变的。礼乐
文化的精神与原则可以归结为四点：一是亲亲，即亲爱自己的

亲属，这是以血缘关系为基础的原则；二是尊尊，即尊重有爵位的尊贵者，这是以政治权力为基础的原则；三是长长，即顺从嫡系长子，这是确立宗法制度的根本原则；四是男女有别，即以姓氏区分男女，这是建立同姓不婚制度的依据所在。① 显而易见，礼乐文化的精神与原则既强调尊卑男女之间的差异与秩序，同时也追求嫡庶上下之间的亲情与和谐，正是这种精神原则涵养了儒家仁义之道的价值追求。《礼记·中庸》曰："仁者人也，亲亲为大；义者宜也，尊贤为大。亲亲之杀，尊贤之等，礼所生也。"以血缘为基础的亲亲出自于人的天性，人天生与自己的血亲亲近，儒家正是从这个地方开始谈仁爱，由爱血亲推广到爱天下人，同样是爱却有远近亲疏之不同，呈现出波纹状的差序格局。② 以政治权力为基础的尊尊依据的是政治社会的道理，在政治社会中贤能的人理应获得权力并被尊重，儒家正是从这个地方开始谈论道义，政治社会中所有人都因其贤能的程度而区分出贵贱上下的等级，政治社会因而获得相应的秩序。正是亲亲与尊尊的精神原则涵养了儒家的仁义之道，这也是儒家推崇并践行礼乐文化的根本原因所在。

总之，儒家所追求的礼乐文化的精神原则是秩序与和谐的辩证统一，催生这种精神原则的自然因素是齐鲁大地四季分

---

① 王国维：《殷周制度论》，《王国维论学集》，中国社会科学出版社 1997 年版，第 6 页。

② 费孝通：《乡土中国》，《费孝通文集》(第 5 卷)，群言出版社 1999 年版，第 332 页。

明、和谐有序的气候条件。《论语·阳货》："子曰：'天何言哉？四时行焉，百物生焉，天何言哉？'"天地虽然不言，但是四季、万物已经代替天地言说，春夏秋冬四季更迭言说了天地的秩序，草木禽兽万物滋生繁衍言说了天地的和谐，周公依据天地秩序创作了礼，依据天地和谐创作了乐，儒家从礼乐中提取仁义之道，中国礼乐文明因之而蔚为大观。

一、践仁知天——孔子的天人合一智慧

"天人合一"是中国文化的独特精神气质，确切来说，这种精神气质是在孔子那里奠基并被孔门弟子发扬光大的。孔子是齐鲁文化的杰出代表，其天人合一智慧上承夏、商、周三代的天命传统而来。在礼崩乐坏、周文疲敝的时代背景下，孔子创造性地提出"仁"的观念，用仁点化流于形式的周代礼乐文化，让礼乐文化生命化。孔子把仁作为天人沟通的纽带，通过践行仁德的生命实践活动，天命与人事实现一体贯通。孔子"践仁知天"的实践智慧塑造了中华民族的民族性格，熔铸了中国文化的未来走向。

（一）孔子之前的天人学说

冯友兰曾指出："在中国文字中，所谓天有五义：曰物质之天，即与地相对之天。曰主宰之天，即所谓皇天上帝，有人格的天、帝。曰运命之天，乃指人生中吾人所无奈何者，如孟子所谓'若夫成功则天也'之天是也。曰自然之天，乃指自然之运行，如《荀子·天论篇》所说之天是也。曰义理之天，乃谓宇宙之最高原理，如《中庸》所说'天命之谓性'之天是也。《诗》《书》《左传》《国语》中所谓之天，除指物质之天外，似皆指主宰之天。《论语》中孔子所说之天，亦皆主宰之天也。"[1] 冯友兰从概念分析的角度指明"天"的五种内涵，这本身就表明天的概念有其内涵上的复杂性与含混性。[2] 实际上，在古人的思想世界中，天的各种内涵交织成一个整体，随具体语境以及思想家本人个体感受的不同而有不同层面的意义呈现。并且，天的内涵也处在不断地发展演变之中。笔者认为，孔子作为三代文化的总结者与集大成者，在他的思想世界中，天并不单纯止于主宰之天的内涵，天人关系也不仅仅是人对主宰之天的膜拜。想要厘清孔子的天人合一思想，须从三代文化甚至更古老的思想世界中探寻。

---

① 冯友兰：《中国哲学史》，华东师范大学出版社 2000 年版，第 35 页。
② 刘震：《重思天人合一思想及其生态价值》，《哲学研究》2018 年第 6 期。

考察中国古代天人关系思想的起源与发展，有一个标志性事件是不容忽视的，即颛顼"绝地天通"的原始宗教改革，这一事件对于我们了解孔子之前的天人关系思想有着重大的帮助。张汝伦指出，古人对天人关系的直接思考应该是从绝地天通开始的，绝地天通对于中国传统天人关系思想有着奠基性意义。①

　　现存先秦古籍对绝地天通事件的记录和诠释，共有三个文本：一是《山海经·大荒西经》，从神话传说的角度指出，天帝令重负责天界，令黎负责地界，二者同受天帝节制，以日月山川作为天地交通的媒介，从此之后天地交通遂有专职官员掌管。二是《尚书·吕刑》，从历史传说的角度指出，自从蚩尤作乱之后，民间抢夺杀掠成风，后来三苗之君效法蚩尤乱政，制定了严酷的刑罚镇压苗民，苗民不堪其苦纷纷向天帝祷告，帝尧哀怜无辜受罪的苗民，因而接受天帝的命令惩罚三苗之君，剥夺其世位，使其

"绝地天通"书影

────────────

① 张汝伦:《绝地天通与天人合一》,《河北学刊》2019 年第 6 期。

居于下国。并且使重、黎断绝天地之间的交通，才使局面得以改观。三是《国语·楚语》，楚国史官观射父对《尚书·吕刑》所载绝地天通事件的解释。观射父指出，在少昊的时候，神职和民职原本各司其责，不相混杂。巫觋和宗、祝等掌管祭祀的神职工作，五官掌管民事工作，人们用生产所得的物品虔诚地敬神，神明也赐福给人们。但是因为蚩尤作乱，风俗败坏，人人都搞起祭祀来，家家都有巫觋，神职和民职混乱不清。人们缺乏祭品，敬神不虔诚，灾害不断降临。于是颛顼在受命之后，采取了绝地天通的措施，使南正重司天，专掌祭祀，使火正黎司地，专掌民事，如此才得以恢复民神不杂的旧常。[①] 从《山海经》到《国语》，绝地天通事件的故事脉络与细节有一个明显的丰满过程，但其间涉及的天人关系问题却是一贯的，关键在于如何解读这一事件。

> 昭王问于观射父，曰："《周书》所谓重、黎实使天地不通者，何也？若无然，民将能登天乎？"对曰："非此之谓也。古者民神不杂。民之精爽不携贰者，而又能齐肃衷正，其智能上下比义，其圣能光远宣朗，其明能光照之，其聪能听彻之，如是则明神降之，在男曰觋，在女曰巫。是使制神之处位次主，而为之牲器时服，而后使先圣之后

---

① 张富祥：《由东夷古史探讨绝地天通》，《齐鲁文化研究》（第三辑）2004 年，第 10—11 页。

之有光烈，而能知山川之号、高祖之主、宗庙之事、昭穆之世、齐敬之勤、礼节之宜、威仪之则、容貌之崇、忠信之质、禋洁之服，而敬恭明神者，以为之祝。使名姓之后，能知四时之生、牺牲之物、玉帛之类、采服之仪、彝器之量、次主之度、屏摄之位、坛场之所、上下之神、氏姓之出，而心率旧典者为之宗。于是乎有天地神民类物之官，是谓五官，各司其序，不相乱也。民是以能有忠信，神是以能有明德，民神异业，敬而不渎，故神降之嘉生，民以物享，祸灾不至，求用不匮。及少皞之衰也，九黎乱德，民神杂糅，不可方物。夫人作享，家为巫史，无有要质。民匮于祀，而不知其福。烝享无度，民神同位。民渎齐盟，无有严威。神狎民则，不蠲其为。嘉生不降，无物以享。祸灾荐臻，莫尽其气。颛顼受之，乃命南正重司天以属神，命火正黎司地以属民，使复旧常，无相侵渎，是谓绝地天通。"（《国语·楚语》）

据《国语·楚语》，观射父把民神关系的发展划分为三个阶段：民神不杂—民神杂糅—绝地天通。在民神不杂阶段，神通过巫觋降临人间，指导人间事务，神职与民职各司其责，不相混杂。在这个阶段，神并不直接干预人间事务，神对人间事务的指导必须借助巫觋这个媒介，神与民之间保持着应有的距离，神有其超越性，而民则对神的超越性保持敬畏。到了民神杂糅阶段，一方面"民神同位"，即民侵犯、消解了神的超越性，把高高在上的神拉低到与自己同等的位置；另一方面"神狎民则"，即神对人间事务不再发挥正向的指导作用，神在堕落的同时还会降灾祸于人间，神之神性完全丧失。民神杂糅的结果是民与神同受其害，神丧失了超越性，民则屡受灾祸，正是由于这个原因，最高的神才命令颛顼对民神之间的混乱无序做出整顿，颛顼采取的解决方案就是绝地天通，是为第三个阶段。

按照观射父的说法，颛顼绝地天通的举措促使民神之间的关系恢复到"旧常"，即由民神杂糅恢复到民神不杂。实际上，观射父颠倒了二者之间的顺序。因为按照文化人类学的观点，人类关于神人关系问题的思考有一个发展过程，早期是民神杂糅，后来才有了民神不杂。① 因而"夫人作享，家为巫史"才是少昊时期的"旧常"，民神不杂反而是后来才有的事情。据此，陈来认为，绝地天通是颛顼发动的宗教改革，其目的就是为了政教合一，垄断神权，巩固统治。②

从天人关系的角度讲，由颛顼的绝地天通可以发现，人类早期天人、民神之间是混杂无序的，尽管人类有了天、神之类的观念，但天、神的超越性并没有被彻底的塑造出来，因而天人、民神之间处于杂糅状态。经过颛顼绝地天通的宗教改革，赋予了天、神绝对的超越性，拉开了天人、民神之间的距离，

---

① 徐旭生：《中国古史的传说时代》，文物出版社 1985 年版，第 6 页。
② 陈来：《古代宗教与伦理》，生活·读书·新知三联书店 2009 年版，第 28 页。

天人、民神之间变成一种双向互动关系：一方面，天、神对人间进行正向指导，规定人世间的是非善恶，尽管天、神不直接干预人事，但还是通过人（巫觋）来实现自己的命令；另一方面，人对天、神保持敬畏，承认天、神的绝对超越地位，同时也承认人对自身事务的绝对责任，天、神不再是一个实用主义的依赖对象，而是人世间一切事务的最终判定标准，是价值的源泉。正如张汝伦所说："绝地天通确定了天人相分，天是绝对的超越者，不能与人混为一谈；天只能被人敬畏，不能被人所取代；但天人相关，天助人善，人要以德配天。"① 这就是由绝地天通所奠定的中国传统天人关系的基本思想。颛顼的绝地天通奠定了天人关系的基本格局，紧随其后的唐尧、虞舜在修身与治民的伦理、政治实践中践行了这种天人关系，其主要表现就是效法天地、以德配天。

尧为帝喾之子，姓伊祁，名放勋。孔子曾经赞叹尧说："大哉尧之为君也，巍巍乎，唯天为大，唯尧则之，荡荡乎，民无能名焉。巍巍乎，其有成功也，焕乎，其有文章。"（《论语·泰伯》）孔子认为，尧的伟大表现在两个方面，即德行和功业，而他之所以伟大，完全是因为他能够效法上天，所谓"唯天为大，唯尧则之"。

从个人德行的角度说，《史记·五帝本纪》曰："其仁如天，其知如神。就之如日，望之如云。富而不骄，贵而不舒。"尧

---

① 张汝伦：《绝地天通与天人合一》，《河北学刊》2019 年第 6 期。

之仁爱如同天地生养万物，尧之智慧如同鬼神高深莫测。亲近尧如同亲近太阳，让人觉得温暖光明；远观尧如同远观云彩，让人觉得舒缓放松。尧虽然贵为天子，富有四海，但却从来不骄傲、不放纵。《尚书·尧典》曰："钦、明、文、思、安，允恭克让，光被四表，格于上下。"尧处世严谨，为人恭敬，生活节俭，智慧明达，气质文雅，思虑周全，待人温和诚信。从这些记载来看，尧完全是儒家理想中的圣人君子形象。

从治理天下的功业角度说，尧有史可考的政绩主要有两个：

一是设立专职官员羲、和等与上天打交道，制定历法，以此安排百姓的生产生活。在与上天打交道的过程中，尧首先对上天表示尊敬。设置羲、和等专职官员，目的就是为了更好地处理天人之间的事务，保持天人交流的畅通，以便顺利地执行上天的命令，适时祭祀，对上天表达敬意。羲、和观察日月星辰的运行规律，推算岁时，制定历法，让民众能够恰当的安排生产生活。但尧并不是完全匍匐在上天的脚下对上天表示彻底的崇拜，假如上天没有尽到自己的义务，对人类不利，尧同样会进行反抗，与上天作斗争，后羿射日的例子就是明证。据《淮南子·本经训》，帝尧之时，天失其序，十个太阳同时出现在天空，禾稼草木等都被晒死，老百姓没有吃的。同时，猰㺄、凿齿、九婴、大风、封豨、修蛇等各种猛禽怪兽都出来危害百姓的生命财产安全。按照颛顼绝地天通所奠定的天人关系基本格局，天人之间是对等的关系，天人各司其职、各尽其责。人对天保持敬畏与顺从的前提是天必须尽到自己的义务，助人为善，保佑人的生命财产安全。假如天地失序，为害人间，那么人也没必要继续对天表示顺从。所以尧命令羿，上射十日，下杀猛禽怪兽。这不是尧对天地的不敬，而是辅助天地恢复秩序，造福百姓，因而"万民皆喜，置尧以为天子"。

二是考察、培养舜作为自己的继承人，行禅让制，为天下和平稳定的发展铺平道路。尧选择继承人的标准是看其是否顺应天命，所以当众人向尧推荐舜作为继承人的时候，尧并没有贸然接受，而是对舜做出长时间的仔细考察。尧首先将自己的两个女儿娥皇、女英同时嫁给舜，看他能否处理好家庭事务。得到尧的认可之后，尧又让舜在民众中推行父义、母慈、兄友、弟恭、子孝等五伦。舜以身作则，用自己的实际行动感化民众，民众都以舜为榜样，真诚地践行五伦。然后尧又命令舜总理天下政务，舜以其勤劳谨慎的态度和出色的行政能力把各种政务都打理得井井有条。接着尧又命舜处理外交事务，舜在明堂门口恭敬地迎接前来觐见的各个部落首领，来朝的宾客都对舜的庄严形象和外交能力肃然起敬。最后尧命令舜深入高山丛林，考验他的冒险精神和处理危险事务的能力，舜冒着暴风雷雨穿越丛林走了出来，不曾迷失方向，最终获得了尧的认可。尧在通过了对舜的考察之后并没有急于传位给他，而是将舜推荐给上天，命令舜摄行天子之政，等待上天的考察。舜首先观察北斗七星等天象，测定太阳、月亮以及金、木、水、火、土等五星的运行规律，安排确定时节月令。然后舜举行了祭天仪式，同时广泛地祭祀名山大川、四方之神等种种神祇。接着舜外出巡狩四方，祭祀了岱宗、南岳、西岳、北岳等四岳，同时按等级祭祀山川诸神。舜的一系列行为获得了上天的认可，其表现就是四方诸侯与天下百姓皆以舜为天子，这就是所谓的"天视自我民视，天听自我民听"（《尚书·泰誓》）。天心表现于民意，因而舜接受了尧的禅让成为天子。如果说尧对舜的考察属于人在尽自己的职责和义务，那么尧将舜"荐之于天""命舜摄行天子之政，以观天命"，则是人在向天表示敬意、请求指示，是人在向天尽义务。

总之，无论德行还是功业，尧都以上天为标准，效法上天。而尧对上天的效法正是在天人相分的前提下试图通过人的努力而在某个层面上达成与天的统一，这恰好是对颛顼绝地天通所确立的天人关系的继承与发展。

舜为颛顼后人，姓姚，名重华。尧在传位于舜的时候曾意味深长地告诫舜说："咨！尔舜！天之历数在尔躬。允执其中。四海困穷，天禄永终。"（《论语·尧曰》）意思是说，尽管舜通过了上天的考核，获得了天命，成为天子。但天命并不是一成不变的，假如不能认真得当地贯彻天命、执行天道造成百姓困苦、民不聊生的话，上天将会收回对他的任命，终止其天赋的禄位。舜诚挚地接受了尧的训诫，无论个人德行还是治理天下都谨遵天命、以德配天。

从个人德行的角度说，舜的德行首先表现为孝悌。据《史记·五帝本纪》，"舜父瞽叟顽，母嚚，弟象傲，皆欲杀舜。舜顺适不失子道，兄弟孝慈。欲杀，不可得；即求，尝在侧。"
舜的生母去世的早，他的父亲瞽叟再娶妻，生了弟弟象。瞽叟
偏爱后妻以及后妻所生之子，常常有杀舜之心。尽管父亲凶
顽，后母猖狂，弟弟傲慢，并且他们都想杀掉自己，但舜却从
来没有失却为子之道和为兄之道，对父母依然孝顺，对弟弟依
然友爱，从来没有过懈怠。同时，舜的孝悌表现出过人的智
慧，"欲杀，不可得；即求，尝在侧"。舜的智慧让他既保全了
自己的性命，又不让父母、弟弟背负杀亲的恶名，这是用智慧
来成就孝悌。舜的德行还表现为以身作则，感化民众。据《史
记·五帝本纪》，"舜耕历山，历山之人皆让畔；渔雷泽，雷泽
上人皆让居；陶河滨，河滨器皆不苦窳。一年而所居成聚，二
年成邑，三年成都。"为了救治风俗的败坏，舜并没有用严刑
峻法恐吓百姓，也没有空言说教，而是以自己的实际行动感化
百姓。比如，历山的农夫都喜欢争夺耕地，相互侵占田界，舜
知道了之后就亲自去历山耕田，一年之后，田界被明确的划分
出来，大家都不再侵占对方的田界。又如，雷泽的渔夫都喜欢
抢夺容易打渔的高坝，舜知道了之后就亲自去雷泽打渔，一年
之后，大家都把高坝让给年长的渔夫。再如，黄河边的陶工烧
制的陶器粗劣不堪，舜听说了之后就亲自去黄河边制陶，一年
之后，大家烧制的陶器质量明显提高，美观又耐用。舜用了三
年时间教化百姓，大家都喜欢跟舜在一起，所以舜居住的地方
一年成为聚落，两年成为城邑，三年大如国都。孔子感叹说：
"耕、渔与陶，非舜官也，而舜往为之者，所以救败也。舜其

信仁乎！乃躬藉处苦而民从之，故曰：'圣人之德化乎！'"(《韩非子·难一》)意思是说，耕田、打渔、制陶等都不是舜的职责所在，他之所以用三年时间亲自去做这些事，目的就是为了救治败坏的风俗，纠正百姓的贪图之心。这就是舜的仁德，他身体力行，不惜让自己处于劳苦之中，正因为如此，百姓才真正的顺服大舜。因而，舜是以德化民的典范。《史记·五帝本纪》曰："天下明德皆自虞帝始。"舜的精神是"德为先，重教化"，他是中华民族由野蛮走向文明的历史转捩时期的重要推手，成为中华文化三座里程碑之一。

从治理天下的功业角度说，舜的施政措施主要表现在两个方面：

首先是选贤举能，驱除凶恶。据《左传·文公十八年》，颛顼的后人中有才子八人，分别是苍舒、隤敳、梼戭、大临、尨降、庭坚、仲容、叔达，他们具备中正、通达、宽宏、深思、洞察、诚信、忠厚、纯正等德性，百姓誉之为"八恺"。恺是和的意思，八恺是说他们八人处世接物以和为贵。帝喾的后人中也有才子八人，分别是伯奋、仲堪、叔献、季仲、伯虎、仲熊、叔豹、季狸，他们具备忠诚、恭敬、勤谨、端美、周密、慈祥、仁爱、宽和等德性，百姓誉之为"八元"。元是善的意思，八元是说他们八人待人接物以善为先。大舜选贤举能，知人善任："举八恺，使主后土，以揆百事，莫不时序，地平天成。举八元，使布五教于四方，父义、母慈、兄友、弟恭、子孝，内平外成。"(《左传·文公十八年》)意思是说，舜命令八恺负责后土之事，治水土，序五行。水土为地道，五行为天道。因而，八恺负责天地事务，与天地打交道。八恺把他们处世接物以和为贵的特长应用于处理天地事务，他们依据天地运转的节律颁行历法，让民众根据历法安排生产生活，这样就能顺应天地之道，促使人与天地万物和谐共生。舜同时命令八元负责教化之事，教父以义，教母以慈，教兄以友，教弟以恭，教子以孝。因而，八元负责人间事务，与百姓打交道。八元把他们待人接物以善为先的特长应用于教化百姓，倡导在家庭中践行善的价值伦理，并且还将这种价值伦理从诸夏推广到四夷，形成全民向善的良好风俗。除了选贤任能之外，舜还扫黑除恶，为民除害。据《左传·文公十八年》，黄帝的后裔中有一个恶人名浑敦，少皞的后裔中有一个恶人名穷奇，颛顼的后裔中有一个恶人名梼杌，黄帝之官缙云氏的后裔中有一个恶人名饕餮。据刘宗迪的考证，所谓浑敦、穷奇、梼杌、饕餮并不是指具体的四个恶人，而是指四类罪行，分别是糊涂、好奇、顽凶、贪婪。① 四类罪行之所以可恶，除了会危害百姓之外，还会对上天构成威胁，破坏天人关系。因为按照颛顼绝地天通所确立的天人关系基本格局，天人各司其责，尤其人要忠于职守，尽自己的义务。人的糊涂、好奇、顽凶、贪婪等是对人道的践踏，违背了天对人的价值规定，因而也就破坏了天人

---

① 刘宗迪：《〈尚书·尧典〉：一篇古老的傩戏"剧本"》，《民族艺术》2000年第 3 期。

之间的分际，是对天的不敬。所以，舜致力于扫黑除恶，将"四凶"流放到边地。总之，不论选贤举能还是扫除凶恶，舜的最终目的都是维护天人关系的基本格局，在天人相分的前提下从人的角度上达于天，促使天人的和谐贯通。

其次是设官分职，明确分工。据《史记·五帝本纪》，帝尧之时，大禹、皋陶、契、后稷、伯夷、夔、龙、垂、益、彭祖等贤能之人都已经举用为官，但是相互之间的职责并没有明确的划分，这就使他们才能的发挥大打折扣。因而，帝舜广泛地征求大家的意见，本着知人善任、各擅所长的原则设官分职，明确大家的职责所在。任命大禹为司空，负责治理水土；任命后稷掌管农业，负责教民稼穑；任命契为司徒，负责教化百姓；任命皋陶为理官，负责制定刑罚，以法治民；任命垂为共工，负责统领管理各类工匠；任命益为虞官，负责掌管山林，驯服鸟兽；任命伯夷为礼官，负责掌管祭祀等礼仪活动；任命夔为司乐，负责掌管音乐和乐教；任命龙为言官，负责收纳意见。明确分工之后，舜还规定了考核办法，三年一考功，三考定进退。通过考核的就晋升嘉奖，不符合条件的就惩罚罢免。通过这样的整顿和治理，百官各司其职，各项工作井井有条，稳步发展。值得注意的是，舜对其所任命之人有一句嘱托，他说："嗟！汝二十有二人，敬哉，惟时相天事。"（《史记·五帝本纪》）在舜看来，百官各司其职并不是在为自己做事，而是在"相天事"，在为上天做事，在辅助上天。由此可见，在这种天人关系格局中，人对自身事务负有绝对责任，人在尽自身义务的同时就是在向上天尽义务，通过这种方式人获得了与天的统一。

综上所述，从颛顼绝地天通到尧、舜以德配天，中国最初的天人关系基本格局得到奠定和践行。这种天人关系认为，天与人是相分的，天人各司其职。同时，天与人又是密切相关的，天为人提供价值规定，助人为善；人遵循和践行天所提供的价值规定，以德配天，通过对自己负责的方式对天负责，辅助天道的有序运转，与天合一。这种天人关系思想对孔子有着直接的影响，正是在此基础上，孔子建构了自己的天人合一思想。

 知识链接

尧舜禅让

据《尚书·尧典》记载，帝尧"将逊于位，让于虞舜"。意思是说，帝尧年老，退位之后把帝位让给虞舜，原因是虞舜有德。学界普遍认为，尧舜禅让是古代关于原始社会末期推选部落联盟首领的传说，反映了原始公社的民主制度。禅让的方式是和平、民主地推选，不是个人权力的转移，体现了"以人为本，任人惟贤"的思想。学界的观点当然是正确的，但容易被忽视的一点是，尧舜禅让反映了中国早期的天人关系思想。据《孟子·万章上》，万章问孟子："传说尧把天下让给舜，有这样的事吗?"孟子回答说："这种说法是不对的，天子不能把天下转交给别人。"孟子的意思应该是天下不是天子一人之天下，所以天子没有权力把天下予人。接着，万章问孟子："那样的话，舜作为天子，是谁把天下给他的呢？"孟子回答说："天与之……昔者，尧荐舜于天，而天受之；暴之于民，而民受之。"意思是说，天子只有推荐的权力，尧把舜推荐给上天以及万民，上天与万民接受与否不是尧所能决定的。好在舜有大德，经历了重重考核，获得了上天和万民的认可，因而能接续尧继任天子之位。因而，尧舜禅让反映了早期中国以德配天的思想，权力的更迭不是人与人之间关系的转变而是人与天之间契约的缔结。

（二）仁礼合一的思想创新

孔子的天人合一思想是以其"仁礼合一"思想为基础的，那么，什么是仁礼合一呢？颜炳罡指出："孔子的思想系统是以仁为本源，以礼为表征，仁礼合一的思想系统。在这一系统中，礼是孔子对传统的继承，仁是孔子的创辟。在礼乐文化传统中发现仁或曰显豁仁，以仁释礼，以礼释仁，仁礼互释，赋予礼乐文化以真实的意义和内在价值，是孔子对中国文化的划时代之贡献，是孔学的本质所在。"[1]

礼是孔子对传统的继承。礼的起源很早，商代甲骨文中

---

① 颜炳罡：《论孔子的仁礼合一说》，《山东大学学报》2001 年第 2 期。

已经出现礼字。王国维认为甲骨文中的礼指的是"盛玉以奉神人之器",也就是祭神用的器物。然后从器物推广到所有祭神相关的事都叫礼,王国维说:"又推之而奉神人之事通谓之礼。"①因而,礼的本义是与祭祀相关的,是人向神表达敬意以求神致福,处理的是天人关系问题。

礼起源于祭神,后来扩展为吉、凶、军、宾、嘉等礼仪制度,演变为包括政治、法律、宗教、哲学、习俗、文学、艺术、经济、军事等在内的文化体系。②礼从产生到发展为一套庞杂的文化体系,其间经历了漫长的历史过程。据孔颖达《礼记正义》,婚姻嫁娶之嘉礼起源于伏羲,祭祀天地鬼神之吉礼起源于神农,战争之军礼、丧葬之凶礼、迎来送往之宾礼等起源于黄帝。孔颖达引皇氏曰:"礼有三起,礼理起于太一,礼事起于燧皇,礼名起于黄帝。"③意思是说,礼有三个层面,其中礼的原理、道理起源于太一,太一即万物之根本;礼的具体规范、内容、仪式等起源于燧皇;礼的名号、制度等起源于黄帝。伏羲、神农、燧人、黄帝等之所以被推举为中华文明的始祖,根本原因就在于他们肇始了礼乐文化。

三皇时期,礼乐草创,无论仪节形式还是精神内涵都比较

---

① 王国维:《观堂集林》,中华书局 1991 年版,第 291 页。

② 韩星:《周公礼治思想体系探析》,《中共宁波市委党校学报》2020 年第 3 期。

③ (清)阮元校刻:《十三经注疏》,中华书局 1980 年版,第 1223—1224 页。

简略。到了尧舜之时，敬天尚德思想的提出是对礼乐文化精神内涵的进一步发展。礼源于祭祀，处理的是天人关系问题，但最初的礼是人通过贡献牺牲、祭品的方式向天地神明示好或者说献媚，目的就是为了获得天地神明的护佑，求神致福。颛顼绝地天通之后，天人分化，各司其职，人向天表达敬意的方式不再是贡献祭品，而变为遵循天所提供的价值指引，做好自己的事。也就是说，人通过尽自己职责和义务的方式向天尽责，尧舜的以德配天正是这种天人关系的体现。无论个人德行还是治理天下，尧舜都主张以德为先，这就使得原本宗教意味浓郁的礼乐文化拥有了鲜明的人文精神。

夏商周三代，礼乐文化获得长足的发展，主要表现就是礼乐的功能由祭祀天地神明逐渐转向修身与治国，礼乐文化逐渐取代巫史文化成为中华文化的主流。据《礼记·表记》，夏商周三代文化各有特征："夏道尊命，事鬼敬神而远之，近人而忠焉，先禄而后威，先赏而后罚，亲而不尊。"意思是说，夏代的治国原则是尊奉天命，事鬼敬神但却与鬼神保持距离，关注点主要在人事，重视下对上的忠诚，上对下先授予俸禄再示以威严、先赐予奖赏再施加刑罚，上下之间关系亲切但缺乏尊重。"殷人尊神，率民以事神，先鬼而后礼，先罚而后赏，尊而不亲。"意思是说，商代的治国原则是尊奉天命鬼神，上率领下集体侍奉鬼神，关注点主要在鬼神，先发挥礼乐的祭祀鬼神功能再发挥其修身治国功能，上对下先施加刑罚再赐予奖赏，上下之间有尊重但不够亲切。"周人尊礼尚施，事鬼敬神而远之，近人而忠焉，其赏罚用爵列，亲而不尊。"意思是说，周代的治国原则是重视发挥礼乐在修身治国方面的功能，上对下以恩赏为主，敬奉天命鬼神但却与鬼神保持距离，关注点主要在人事，重视下对上的忠诚，用爵位等级的升降来对人进行赏罚，上下之间的关系亲切但缺乏尊重。①通过比较三代文化的特征，可以勾勒出夏商周三代文化演变的基本轮廓，那就是从夏商的尊天命、事鬼神转向周代的重礼乐。②

夏道尊命，礼乐在夏朝发挥的主要是祭祀天地鬼神的功能。据《史记·夏本纪》，大禹"薄衣食，致孝于鬼神"，即自己节衣缩食，但却以丰盛的祭品对鬼神表达孝敬之意。据《国语·鲁语》，大禹"致群神于会稽山"。大禹本人即是巫师之首，能够通过一定的祭祀仪式降神。其中流传的祭祀仪式是"禹步"，据《法言·重黎》，"昔者姒氏治水土，而巫步多禹。"姒氏是大禹之姓，大禹治水并不是单纯的与自然界作斗争，更是与山川之神打交道，因而大禹在治水之时发明了与山川之神沟通的祭祀仪式——禹步，这种步法被其他巫师学习掌握，并流传后世。据《史记·夏本纪》，"天下皆宗禹之明度数声乐，为山川神主。"意思是说，大禹在治水的过程中辅佐大舜制定了各种规章制度、礼仪规范、音律乐舞等，获得了大家的认可，

---

① 杨天宇：《礼记译注》，上海古籍出版社 2004 年版，第 724 页。

② 白延辉：《夏商周巫史文化特色及其演变》，《当代中国价值观研究》2017 年第 6 期。

因而大家尊奉大禹的礼乐制度，推举大禹为代山川之神发号施令的帝王。由此可见，大禹的礼乐是其与山川之神沟通的手段和仪式，礼乐在夏朝发挥的主要是祭祀鬼神的职能。

殷人尊神，因而与夏朝相似，礼乐在商朝发挥的同样主要是祭祀鬼神的职能。据《史记·殷本纪》，商汤在讨伐夏桀之前训示诸侯说："匪台小子敢行举乱，有夏多罪，予维闻女众言夏氏有罪。予畏上帝，不敢不正。今夏多罪，天命殛之。"意思是说，不是我商汤敢以下犯上行叛逆悖乱之事，而是夏桀罪大恶极，大家都深受其害，都认为夏桀有罪。因而，商汤讨伐夏桀一方面代表的是民意；更重要的是，天帝神明对夏桀也是深恶痛绝，夏桀已然丧失天命，所以另一方面，商汤的革命还代表天意。在天意与民意的双重支持下，商汤取代了夏桀。可以说这是商汤在为自己获取政权的合法性做论证，但是从另一个角度说，商汤对天帝鬼神持信仰、敬畏的态度，举凡大事都以天帝鬼神的意志为遵循。陈梦家指出，在殷商时期"王者自己虽为政治领袖，同时仍为群巫之长。"[①]商汤作为群巫之首，拥有沟通天地鬼神的能力。据《吕氏春秋·顺民》，商汤之时，气候出现异常，五年大旱，庄稼颗粒无收，百姓饥渴致死。于是商汤在桑林用自己的身体作保证向天地鬼神祈祷说："我一人有罪，不要波及天下人；天下人有罪，罪责在我一人。请天地鬼神不要因为我一人的无才无

---

① 陈梦家：《商代的神话与巫术》，《燕京学报》1931 年第 20 期。

德而伤及天下无辜百姓的生命。"祈祷完之后，商汤剪掉自己的头发，用木夹挤压自己的手指，把自己的身体作为祭品进献给天地鬼神，希望天地鬼神能够下雨降福。百姓看到商汤的举动之后非常高兴，天地鬼神也被商汤所打动，于是大雨时至，万物更生。《吕氏春秋》评价说，商汤"达乎鬼神之化、人事之传"。意思是说，商汤能够与鬼神沟通，知晓鬼神的意图，因而可以根据鬼神的意志安排人事的变化。由此可见，商朝"率民以事神，先鬼而后礼"是可信的，礼乐的功能主要就是祭祀鬼神。

到了周朝，情况发生了重大变化，周人尊礼，礼乐的功能由祭祀鬼神逐渐转向了修身治国，德作为礼乐的核心精神被确定下来，代表性事件就是周公制礼作乐。所谓周公制礼作乐并不是说礼乐是周公的新创，因为早自三皇五帝礼乐就已经肇始，三代时期礼乐获得长足的发展。周公制礼作乐是说，在因袭先代礼乐传统的基础上，周公将礼乐系统化、制度化，同时点明了礼乐的核心精神，促使礼乐的功能发生转变。正如白延辉所说："礼乐并非周代始创，夏禹、商汤时代早已有之。但是在夏商时期，作为礼仪的音乐与舞蹈多与巫、巫术相关，早期的乐舞以神话的形式表现出古人对天命、自然的崇拜，也用于歌颂部落首领的功德，因此在夏商时期并未形成系统的礼乐制度，只有到了西周以后礼乐才逐渐形成一种严格的制度。从周人一再强调的周公制礼作乐的说法来看，周公是在因袭前代传统的基础上对礼乐制度进行了重大改变和创新，真正成熟的礼制恐怕是在西周成王、周公的时代才成立的。"[①] 周公的创新在于用道德精神点化礼乐形式，据《左传·文公十八年》，太史克说："先君周公制《周礼》曰：则以观德，德以处事，事以度功，功以食民。"意思是说，周公制定《周礼》的目的是以礼的法则为依据来考察人的德性，有德之人在待人处世中遵循礼的法则，无德之人则会违背礼的法则。待人处世遵循礼的法则就会有功劳，否则就会有过错。有功劳就会得到百姓的供养，有过错就会遭到百姓的厌弃。周公以礼为依据考察人的德性，用德性点化礼乐法则，德与礼才有了逻辑上的必然联系。正如王国维所说："中国政治与文化之变革，莫剧于殷周之际"，其变革之中心在周之有德，"周之制度与礼，乃道德之器械。"王国维指出，商周礼乐制度的本质差异是周代礼乐的宗旨在于"纳上下于道德，而合天子诸侯卿大夫士庶民以成一道德之团体，周公制作之本意，实在于此。"[②] 周公以道德为礼乐之真精神，倡导大家在待人处世中遵循礼的规则以成就道德，这是周代礼乐不同于夏商二代的地方。

孔子对周代礼乐文化推崇备至，他说："周监于二代，郁郁乎文哉！吾从周。"（《论语·八佾》）意思是说，周代的礼乐文化并不是凭空创造出来的，而是借鉴了夏商两代的典章制度，因而周代礼乐才会如此之丰富完备。孔子认为，三代礼乐

---

① 白延辉：《夏商周巫史文化特色及其演变》，《当代中国价值观研究》2017 年第 6 期。

② 王国维：《观堂集林》，中华书局 1959 年版，第 451、477、454 页。

之间是一个继承与创新的关系，他说："殷因于夏礼，所损益，可知也；周因于殷礼，所损益，可知也。"（《论语·为政》）殷代沿袭了夏代的礼制，周代沿袭了殷代的礼制，其间对礼制的增减损益清晰可见。从夏道尊命到殷人尊神再到周人尊礼，一方面礼乐作为典章制度在形式上不断地丰富完备，另一方面礼乐的功能和精神也在不断地潜移默化中发展。在周公那里，礼乐的功能由祭祀天地鬼神的手段变为治理天下国家的方略，礼乐的精神也由敬神转变为崇德。"周公的礼治思想自成体系，内容非常丰富，涉及社会政治、经济、文化、习惯、舆论等各个方面，前集夏、商之大成，后开封建之先河，既是制度文化、行为文化和观念文化的集中体现，又是政治生活、经济生活、社会生活、家族生活各种行为规范的准则，在中国古代思想文化史上占有特殊的地位。"[①] 因而，孔子"从周"，赞同周代礼乐文化，崇拜周公，以周公为自己的人生榜样。晚年的孔子不无悲怆地说："甚矣，吾衰也！久矣，吾不复梦见周公！"（《论语·述而》）孔子生不逢时，以周公之礼乐治理天下的志向没有得到贯彻执行，因而年老之时不再梦见周公，不禁悲从中来。

孔子推崇周礼，对周代礼乐文化的价值有着深刻的认识。在《礼记·礼运》中，孔子认为礼是先王秉承天道治理人情的。

---

① 韩星：《周公礼治思想体系探析》，《中共宁波市委党校学报》2020年第3期。

也就是说，一方面礼以天道为超越的根基，礼并不是先王凭空制造出来的，而是以天道、天意为依据制定了礼；另一方面礼的功能并不是祭祀天地鬼神，而是治理人的情欲，乃至于治理天下国家。孔子认为，礼在治理人情以及天下国家过程中发挥着至关重要的作用，"失之者死，得之者生"，以礼修身、以礼治国则身生国存，否则就会身死国灭。孔子引用《诗经》说："相鼠有体，人而无礼；人而无礼，胡不遄死？"意思是说，卑贱如老鼠尚且有肢体，人有肢体却不知道用礼乐规范自己的肢体，那连老鼠都不如，应该赶紧去死。由此可见礼对人的重要性。孔子总结说："是故夫礼，必本于天，殽于地，列于鬼神，达于丧祭、射御、冠昏、朝聘。故圣人以礼示之，故天下国家可得而正也。"圣人根据天道、仿效地理、取法鬼神创制了礼乐，然后将礼乐贯彻执行于丧事、祭祀、射箭、驾车、冠礼、婚礼、朝礼、聘礼等社会生活的各个层面、领域之中。圣人用礼乐来规范引导民众，天下国家就能治理好了。[①]在《礼记·哀公问》中，孔子对礼乐的功能作了进一步的申述。孔子指出，礼是人类赖以生存的最重要的东西，假如没有礼，就没法按照一定的礼节祭祀天地鬼神，就没法分别君臣、上下、长幼的不同社会地位，就没法区分男女、父子、兄弟、婚姻、亲族等之间的亲疏远近关系。君子因为践行礼而获得别人的尊重，所以君子尽其所能用礼乐教化百姓，让百姓也都能践行礼，家国天

---

① 杨天宇：《礼记译注》，上海古籍出版社 2004 年版，第 267 页。

下因而得到治理。

　　尽管礼乐如此之重要，但是到了孔子的时代却出现了礼崩乐坏的现象。在《礼记·礼运》中，孔子感慨地说："吁呼，哀哉！我观周道，幽、厉伤之。吾舍鲁何适矣！鲁之郊、禘，非礼也，周公其衰矣！"意思是说，周公所创立的周代礼乐文化如此之丰富完备，但是到了周幽王、周厉王的时候却变得破败凋零，因为统治者都不再遵循礼、不再重视德。鲁国是周公的封国，也是孔子的父母之国，孔子在周游列国之后，看尽天下的礼崩乐坏，晚年无奈地回到鲁国。尽管鲁国是周公封地，周公的子孙并没有秉承祖宗所创立的礼乐制度。比如，孔子指出，鲁国举行的郊祭与禘祭都是违背礼的，因为只有天子才能举行郊祭与禘祭，鲁国作为封国举行郊祭与禘祭显然是在僭越天子之礼。所以，周公制定的礼在他的子孙手里衰微了。

　　那么，为什么会出现礼崩乐坏的现象呢？在《孔子家语·问礼》中，孔子向鲁哀公说明了原因。孔子认为，之所以会礼崩乐坏关键原因在统治者身上，统治者"好利无厌，淫行不倦，荒怠慢游，固民是尽，以遂其心，以怨其政。忤其众，以伐有道。求得当欲，不以其所。虐杀刑诛，不以其治。"简言之，统治者生命腐化堕落，贪图享乐，道德败坏，不再坚守礼乐以德为先的精神，只留下徒有其表的礼乐形式，因而礼崩乐坏不可避免的发生了。从天人关系的角度说，礼崩乐坏指的是人不再尽自己的义务，不再对自己的行为负责，不再向天表达敬意，对天的祭祀之礼也成了贪图上天福佑的僭越之举。因而天人撕裂，无法获得统一。孔子之所以伟大，关键就在于他提出"仁"的观念来对治当时的礼崩乐坏与天人撕裂。

仁是孔子的思想创新，孔子提出仁的观念目的是对治流于形式的周代礼乐文化，对治统治者生命的腐化堕落。孔子说："礼云礼云，玉帛云乎哉？乐云乐云，钟鼓云乎哉？"（《论语·阳货》）孔子认为，所谓礼并不是指玉帛这些行礼的物品，所谓乐也不是指钟鼓这些演奏的器具，礼乐的关键在其精神而不是形式。那么，礼乐的根本精神是什么呢？孔子说："人而不仁，如礼何？人而不仁，如乐何？"（《论语·八佾》）如果人没有仁德，那么礼对他来说只是形式；如果人没有仁德，那么乐对他来说只是声音。也就是说，礼乐的根本精神是人的仁德。有一个叫林放的学生问孔子什么是礼的根本精神，孔子回答说这真是一个关键的问题。孔子认为，"礼，与其奢也，宁俭；丧，与其易也，宁戚。"（《论语·八佾》）礼有外在仪式与内在意义两个方面，一般人往往容易注意形式而忽视内在实质。孔子认为，礼的内在实质比它的形式更重要。[①] 所以，执行礼的时候，与其在形式仪节上铺张奢华，不如内心充满恭敬诚挚的情感而外在形式简约。比如，孝子为父母举行丧葬之礼，与其大操大办，周全尽礼，不如形式简约但能尽内心的哀思之情。孔子说："居上不宽，为礼不敬，临丧不哀，吾何以观之哉？"（《论语·八佾》）意思是说，统治者身居高位，但对

---

① 金良年：《论语译注》，上海古籍出版社 2004 年版，第 21 页。

百姓却毫无宽厚仁爱之心；尽管举行各种礼乐活动，但在行礼之时内心却毫无敬畏之情；参加丧葬之礼，却没有任何哀痛之情。孔子认为，这样的礼仪活动只是徒有其表而已，毫无观瞻的价值。因而，真正有意义、有价值的礼乐活动必然是外在形式与内在仁德的统一。汉儒郑玄对礼乐的这种内外一致性做出了经典的诠释，他说："礼者，体也，履也。统之于心曰体，践而行之曰履。"①礼分为心与行两个层面，从心的层面讲，礼重视的是仁德与情义；从行的层面讲，礼有其相应的仪式与流程。真正的礼，也就是礼之全体是心与行的统一、是仁德与仪式的统一。这就是孔子所倡导的仁礼合一的思想。

那么，孔子所谓仁究竟是什么？从孔子与弟子关于仁的问答中可以发现，孔子所谓仁似乎并没有标准的定义，但从孔子的话中我们又能察觉不同回答之间的某种内在一致性。

> 颜渊问仁，子曰："克己复礼为仁。一日克己复礼，天下归仁焉。为仁由己，而由人乎哉？"颜渊曰："请问其目。"子曰："非礼勿视，非礼勿听，非礼勿言，非礼勿动。"（《论语·颜渊》）

> 仲弓问仁，子曰："出门如见大宾，使民如承大祭。己所不欲，勿施于人。在邦无怨，在家无怨。"（《论

---

① （汉）郑玄注，（唐）孔颖达疏：《礼记正义》，北京大学出版社1999年版，第3页。

语·颜渊》)

司马牛问仁，子曰："仁者，其言也讱。"(《论语·颜渊》)

樊迟问仁，子曰："爱人。"(《论语·颜渊》)

樊迟问仁，子曰："居处恭，执事敬，与人忠。虽之夷狄，不可弃也。"(《论语·子路》)

子曰："刚、毅、木、讷近仁。"(《论语·子路》)

子张问仁于孔子，孔子曰："能行五者于天下为仁矣。"请问之，曰："恭、宽、信、敏、惠。恭则不侮，宽则得众，信则人任焉，敏则有功，惠则足以使人。"(《论语·阳货》)

以上几则材料是孔子关于仁的直接论述，从孔子的回答来看，他对仁似乎并没有统一的定义，而是因人因事以及语境的不同而做出指导性、针对性解答。从消极的意义上讲，仁表现为对自己内心情欲、恶念的克制。比如，孔子回答颜回说"克己复礼为仁"，一切违背礼的视、听、言、动都不要去做；又如，孔子回答仲弓说"己所不欲，勿施于人"，不要做违背别人意愿的事；等等。从积极的意义上讲，仁表现为各种德性，比如恭敬、宽厚、诚信、敏锐、恩惠、刚强、毅力、质朴、寡言、忠诚、博爱、谨慎，等等。综合积极与消极两个方面，孔子所说的仁是一种总体性、综合性、系统性的德，即朱熹所谓的"全德"。仁这种全德在不同的境遇中会表现为各种不同的具体的德，比如在父子之间表现为慈孝，在朋友之间表现为诚信，在君臣之间表现为忠敬，在兄弟之间表现为友悌，等等，所有这些具体的德都在仁这个全德的统摄、包含之下。我们知道，孔子提出仁的观念目的是对治人（尤其是统治者）生命的腐化堕落，生命的腐化堕落表现在生活的各个方面，因而孔子就用各种具体的德从积极与消极两个方面来对治，意在教导统治者可以怎么做、不可以怎么做，最后用仁作为一个总的统摄。仁与礼是相统一的，也就是说仁这个全德在各种不同的境遇中所表现出来的具体的德都是与这个境遇中的具体的礼的规范相一致的，缺少了具体礼的规范，仁将不成其为仁，德也将不成其为德。孔子说："恭而无礼则劳，慎而无礼则葸，勇而无礼则乱，直而无礼则绞。"（《论语·泰伯》）意思是说，恭敬这种具体的德如果缺少礼的规范就会变成劳苦，谨慎这种具体的德如果缺少礼的规范就会变成懦弱，勇敢这种具体的德如果缺少礼的规范就会变成莽撞，直爽这种具体的德如果缺少礼的规范就会变成刻薄。由此可见，孔子的仁礼合一思想是通过仁与礼的相辅相成在具体境遇中实现对人生命的规范与提升。

综上所述，礼是孔子对传统的继承，仁是孔子的思想创新。在一个礼崩乐坏的时代，孔子用仁礼合一的思想对治时代的弊病，提升人的生命境界。尽管孔子的思想在当时并没有发挥太大的作用，但对后世却发挥了重要的影响。中国的礼乐文化肇始于三皇五帝，奠基于周公制礼作乐，成熟于孔子的仁礼合一。孔子的仁礼合一是从人的角度讲的，重视人的内省、内修，强调人自身的责任和义务，强调人对自身负有绝对的责任，只有通过这种方式才能下学上达，了知天命。显然，这是颛顼绝地天通所奠定的天人关系基本格局的进一步发展。

 知识链接 ┈┈┈┈┈┈┈┈┈┈┈┈┈┈┈┈┈┈┈┈┈┈┈┈┈┈

差等之爱

关于孔子的"仁"，最常见的理解即是"爱人"。不同于墨家的兼爱，孔子的仁爱属于差等之爱。在墨子看来，人与人之间，不论亲疏远近，都应该无差别的互爱。而儒家则认为，人与人之间应当基于血缘亲疏的不同实行差等之爱，而这种爱之等差是通过礼来分别和维持的。费孝通在《乡土中国》中提出，传统中国社会中人与人之间的关系是一种基于血缘的亲疏远近而形成的差序格局，它以个人为中心，像水波纹一样向外扩散，亲密程度随着血缘关系的疏远而依次递减。在差序格局的乡土社会中，人们社会关系的调节不是通过法律而是借助于礼乐。在乡土社会中，维持礼治秩序的理想手段是道德教化，而不是严刑峻法。传统中国社会格局和治理方式的形成，从根本来讲受到孔子差等之爱思想的重要影响。

（三）践仁知天的实践智慧

仁是孔子思想的核心，孔子认为，在践行仁的过程中人能够与天获得某种意义上的统一，这就是所谓的"践仁知天"。前面已经介绍了作为全德的仁以及仁与礼的辩证统一关系，要深刻了解究竟什么是践仁知天，还需明白孔子是怎么看待天人关系问题的。按照冯友兰的说法，《论语》中孔子所说之天指的都是主宰之天。这一观点存在两个问题：首先，这是把人抽离出来单独分析天这一概念的意涵，实际上天人相对而存在，如果抽离了人，天也将失去其意义，所以这一理解方式本身就是抽象的、形而上学的讨论。其次，即便按照这种分析的模式来理解，冯友兰所得出的观点也是有争议的。比如，在《论语·阳货》中，孔子曰："天何言哉？四时行焉，百物生焉，天何言哉?"天地不言，四时交替，万物生长。这里的不言之天显然指的是自然界的运转及其现象，是冯友兰所谓的自然之天。实际上，天在孔子那里是一个与人相对而存在的复杂性、系统性概念，将其简单的析解为主宰之天、运命之天、自然之天等几个含义看似清晰明白，却破坏了天这一概念的整体性。因而，与其抽象的讨论、分析天究竟指的是什么，不如梳理一下孔子是怎么看待天人关系的，只有在天人相对而存在的交互关系中才能获得对于天的正确认识，在此基础上才能正确理解孔子践仁知天的实践智慧。

首先，孔子认为天地生万物，人是万物中之灵秀者。孔子曰："故人者，其天地之德，阴阳之交，鬼神之会，五行之秀气也。"（《礼记·礼运》）意思是说，人作为万物之一，是阴阳二气交感的产物，集中了天地、鬼神的德性与精华，凝聚了五行的秀气。天地鬼神、阴阳五行在人身上凝结为人的德性，因为有了德性人才成为万物之灵。孔子曰："故人者，天地之心也，五行之端也，食味、别声、被色而生者也。"（《礼记·礼运》）天地之心即作为全德的仁，五行之端即全德之仁在不同情境中展现为仁义礼智信等具体的五常之德，有了天赋的德性，人才能食五味、别五声、被五色，成为有灵明的存在。正是因为人的德性源自天赋，所以人要对天负责，人要敬畏天、忠诚于天。孔子认为，人对天的敬畏与忠诚体现在两个层面：

一是以礼事天，在祭祀中表现出对天地鬼神的敬畏。据《论语·八佾》记载，卫国当权者王孙贾问孔子说：民间常说的"与其媚于奥宁媚于灶"是什么意思，是不是说奥神的位置虽然尊贵但不如灶神更有用，所以应该更加讨好灶神？孔子回答说：不管奥神还是灶神都接受上天的管辖，所以最应该敬畏的是上天，如果获罪于天的话，那么连祈祷的地方都没有了。孔子说君子有三畏，其中最重要的就是"畏天命"（《论语·季氏》）。孔子是这么说的，同样也是这么做的。据《论语》记载，孔子在官府担任职务后，初次进入太庙参加祭祀的时候对关于祭祀的每件事情都仔细的询问。有人因此嘲笑孔子说：谁说孔子知礼，进入太庙每件事都询问。孔子听到后回答说：这就是礼。实际上，孔子并不是不了解太庙祭祀之礼，之所以每件事情都询问一遍，体现的是孔子对祭祀的慎重和对鬼神的敬畏。《论语·八佾》："祭如在，祭神如神在。子曰：'吾不与祭，如不祭。'"意思是说，祭祀天地鬼神的时候，就好像天地鬼神就在面前一样，因而必须以赤诚之心和通体的敬畏亲身参与祭祀活动。如果没有亲身参与，而是请人代为祭祀，其中的诚心与敬意就不足以表现出来，因而跟没有祭祀是一样的。由此可见孔子对于天地鬼神的敬畏意识。

二是人要做好自己的事，对自己的行为负责即是对天道负责。据《孔子家语·大婚解》，鲁哀公曾经问孔子：一个君子如何才能成就自己？孔子回答说："夫其行己不过乎物，谓之成身。不过乎物，合天道也。"孔子的意思是说，君子在做任何事情的时候都不能超越礼的规范，只有在礼的约束之下才能成就自己。守规矩、循礼而行，同样是符合天道的。也就是说，君子循礼而行就是对自己负责，对自己负责就是对天道负责。鲁哀公进一步追问：那么，君子为何要以天道为贵？为何要效法天道、对天道负责？孔子回答说："贵其不已也。如日月东西相从而不已也，是天道也。不闭而能久，是天道也。无为而物成，是天道也。已成而明之，是天道也。"天道的特点是刚健不息、生生不已，比如日月东升西落从来没有止息。天道对万物是敞开的，天道即寓于万物之中；天道生化万物是顺畅的，生而不有，无私无为；天道不仅生化万物，而且成就万物。人作为天道的产物，禀赋了天道的精华，拥有仁礼等德性，因而需要以天道为师，效法天道，以守礼行仁的方式对天道负责。据《孔子家语·五仪解》，鲁哀公问孔子说：一个国家的存亡祸福究竟是由天命决定的，还是由人力决定的？鲁哀公言下之意是国家存亡系于天命，非人力所能为。孔子回答说:"存亡祸福,皆己而已,天灾地妖,不能加也。"与鲁哀公的观点完全相反,孔子认为,国家的存亡祸福完全系于君主个人的德行。只要君主修德行仁,任何天灾地妖都不会导致国家灭亡;同样,如果君主不修德行,任何祥瑞吉兆也不会令国家兴旺。孔子举了历史上两个著名的例子来证明自己的观点:一是商纣王的例子,商纣王的时候出现一种异兆,有人看到城墙上一只小鸟生育了一只大鸟,于是商纣王命人对此异兆进行占卜,占卜的结果是"凡以小生大,则国家必王,而名必昌"。商纣王听说之后非常高兴,认为天命在自己身上,自此之后他就不修国政,荒淫无道,最终导致国家灭亡。孔子认为,商纣王肆意妄为违背天道,最终将上天的福佑和吉兆转化为凶祸。二是殷商先王太戊的例子,太戊的时候国家混乱,纲纪不正,因而招致天降灾异。在太戊的朝堂上长出桑谷共生之树,并且生长速度惊人,七天就长到两手环抱那么粗。于是太戊命人对此异象进行占卜,占卜的结果是:桑谷是野生之木,不应该生长在朝堂上,桑谷生朝堂是亡国的征兆。太戊听说之后非常恐惧,于是他奋发图强,内修德行,外修国政,教化百姓,交好四方,三年之后,国家因而大治。孔子认为,太戊以自己的德与行改变了天命,将原本的灾异凶兆转化为上天的福佑。基于以上两个例子,孔子得出结论说:"故天灾地妖,所以儆人主者也;寤梦征怪,所以儆人臣者也。灾妖不胜善政,寤梦不胜善行。"意思是说,天灾地妖等异常现象只是对人主、人臣的警示,任何灾妖怪异都不能胜过人的善政与善行,因而君主的德行才是国家存亡祸福的关键。君主修德，对自己的行为负责即是顺应天道，就能获得天命的支持。

其次，孔子认为人在坚守职责与道义中可以获得对天命的了知，即践仁知天。据《论语·为政》，孔子自述其一生经历说："吾十有五而志于学，三十而立，四十而不惑，五十而知天命，六十而耳顺，七十而从心所欲不逾矩。"其中"五十而知天命"值得讨论，孔子为什么五十岁知天命？知天命究竟知的是什么？钱穆指出："天命指人生一切当然之道义与职责。道义职责似不难知，然有守道尽职而仍穷困不可通者。何以当然者而竟不可通，何以不可通而仍属当然，其义难知。遇此境界，乃需知天命之学。"[①] 也就是说，人生来就有其应当坚守的道义和承担的职责，这份道义和职责源自天赋，也就是所谓天命。但现实生活中常见的现象是，坚守道义和尽职尽责的人往往穷困潦倒、生活困难、郁郁不得志，孔子自己就是这样的人。相反，那些违背道义、逃避责任的人反而富贵显达。这就是伦理学所谓的德福不一致的现象，有德之人未必有福，无德之人未必无福。如何理解这种现象？孔子到了五十岁才理解、接受了这种现象，对此，李泽厚认为，儒学共同的精神是"人生活在无可计量的偶然性中，却决不失其主宰。这才叫知天命……这种立命、知命、正命都指人对自己命运的决定权

---

① 钱穆:《论语新解》,《钱宾四先生全集》(3)，台北联经出版事业公司1998年版，第35页。

和主宰性，而绝非听命、任命、宿命，这也才是知天。从而知天命、畏天命便不释为外在的律令或主宰，而可理解为谨慎敬畏地承担起一切外在的偶然，不怨天不尤人，在经历各种艰难险阻的生活行程中，建立起自己不失其主宰的必然，亦既认同一己的有限，却以此有限来抗阻，来承担，来建立，这也就是立命、正命和知天命。五十而知天命着意在这种承担和建立的完成，即一己对命运的彻底把握。这大概一般非五十岁左右难以实现。"① 总之，人对天命的了知是指在充满偶然性的现实生活中坚守天赋的道义与职责，做好自己的事，对自己负责，而不去计较这样是否会为自己带来福利，也就是所谓的"践仁知天"。

再次，践仁知天的过程亦即下学上达的过程，也是天人合一的过程。据《论语·宪问》，孔子曾感慨说没有人能了解自己，弟子子贡听了之后感觉很奇怪，于是就问孔子：为什么说没有人了解您呢？孔子回答说："不怨天，不尤人，下学而上达。知我者，其天乎！"对此，钱穆解释说："孔子道不行于世而不怨天，知天命有穷通。人不己知而不非人，知人事有厄，亦皆由天命。下学，学于通人事。上达，达于知天命。于下学中求知人道，又知人道之原本于天。由此上达，而知道之由于天命，又知道之穷通之莫非由于天命；于是而明及天人之际，一以贯之。天人之际，即此上下之间。天命我以行道，又命我

---

① 李泽厚：《论语今读》，安徽文艺出版社 1998 年版，第 53 页。

以道之穷，是皆天。孔子之学先由于知人，此即下学。渐达而至于知天，此谓上达。学至于知天，乃叹惟天为知我。"① 意思是说，人通过下学（这里的学并不是指学习政治、社会、家庭等人生各个领域的知识，而是指通过积极参与各个领域的实践活动而获得关于人生的实践智慧，即钱穆所谓对人道的认知）可以知晓人道，进而能够上达天道。实际上，天道与人道并不是二分的，而是一以贯之的。天人之际贯通为一，因而人知天即是天知人。当孔子在说"知我者，其天乎"的时候，他所揭示的正是天人合一的境界。

最后，孔子以圣人为例描述了天人合一的最高境界。孔子说："夫大人者，与天地合其德，与日月合其明，与四时合其序，与鬼神合其吉凶，先天而天弗违，后天而奉天时。天且弗违，而况于人乎？况于鬼神乎？"（《周易·乾文言》）孔子又说："所谓圣者，德合于天地，变通无方，穷万事之终始，协庶品之自然，敷其大道而遂成情性。明并日月，化行若神。下民不知其德，睹者不识其邻。此谓圣人也。"（《孔子家语·五仪解》）孔子认为，圣人最大的特点是德合天地，即在德的层面与天地合而为一。这里的德指的就是作为全德的仁，圣人在生活中时时处处践行仁德，由践行仁德而通晓人道，进而知晓天道，与天合一。

---

① 钱穆：《论语新解》，《钱宾四先生全集》（3），台北联经出版事业公司1998年版，第531页。

知识链接

圣之时者

孟子对先贤有一个评价，他说："伯夷，圣之清者也；伊尹，圣之任者也；柳下惠，圣之和者也；孔子，圣之时者也。"（《孟子·万章下》）意思是说，伯夷兄弟让国，扣马阻谏武王伐纣，是圣人中的清正廉明者；伊尹辅佐商汤灭夏建商，是圣人中的有担当者；柳下惠夜宿城门口，与陌生女子同用一件外衣御寒，其间没有任何越礼的念头和行为，是圣人中的有中和之德者。孟子认为，伯夷、伊尹、柳下惠虽然是圣贤，但都不全面，各具擅长。与以上三位圣贤不同的是，孔子是集大成者，因而是"圣之时者"。所谓圣之时者，朱熹说是"孔子仕、止、久、速，各当其可。"（《孟子集注》）意思是说，孔子在任何情况下做任何事情都能够恰如其分，无过无不及。之所以能做到这一点，是因为孔子内心充满仁德，这种内在的仁德以现实情境为契机在礼的约束之下被践行出来，即仁礼合一，二者统一于日常生活实践。孟子打了一个比方，他说如同射箭一样，需要力气和准头，力气确保能够射到一定的距离，准头则确保能够射中靶心。孔子的仁礼合一是一种实践智慧，它需要在日常生活实践的不断练习中达到圆熟的境界，如同卖油翁所言："我亦无他，惟手熟尔。"因而，孔子作为圣之时者是实践锻炼的结果。按照孔子的观点，践仁可以知天，与天合一。在天人关系的问题上，孔子不作形而上的抽象讨论，而是始终具备实践眼光。

二、顺天有为——墨子的天人合一智慧

　　先秦时期，墨家与儒家并称显学，但两家的思想却存在着巨大差异。同样面对乱世，孔子从礼乐文化的角度出发，以仁爱点化礼乐，促使礼乐成为生命的存在形式，创立践仁知天的天人合一思想。墨子则对礼乐文化持排斥态度，认为礼乐虚文只会造成浪费，并无益于经济社会发展。墨子认为社会动乱不是由周文疲敝引发的，而是由人的自私自利引发的。人们只知道爱自己不知道爱别人，损人以利己，所以才造成了社会动乱。为了对治这一问题，墨子继承三代以来的天命神鬼信仰，以天志矫正人欲，以鬼神的奖惩引导人的行为，主张兼爱、非攻、非命、尚力等，倡导人的行为符合天命鬼神的意志，从而实现宗教神学意义上的天人合一。

（一）天志明鬼的天命思想

天命鬼神思想由来已久，早在夏商周三代之前就已经产生了。实际上，任何一个民族在其早期都存在天命鬼神信仰。英国人类学家詹·乔·弗雷泽在他的名著《金枝》中指出，鬼神信仰是人类文化发展的必经阶段，早期人类相信灵魂、神明的存在，认为只有神才能对自然界和人类进行超自然的干预，因而人类开始崇拜神，由此就产生了以祈祷献祭为特征的宗教。宗教时期，人类思想方法的本质在于相信存在着神这种超自然的力量，神的力量控制着整个世界，可以随意改变自然和人类的进程。人类为了达到自己的目的，就需要取悦这种超自然的力量，所以信教的人会对神顶礼膜拜、贡献祭品。①

以"绝地天通"为标志，中国远古以来的天命鬼神信仰发生了分化：一是在人神分离、各司其职的前提下更加强调人的作为，以人对自己负责的方式实现对神负责，由此就走向了儒家的人文理性主义路线。在儒家那里，天命鬼神成了悬置的对象，孔子主张"敬鬼神而远之"就是典型的代表，人的德性与行为成了思想考察的核心。二是在人神分离、各司其职的前提下强调天神的意志以及人对天神意志的贯彻执行，这就是墨家

---

① ［英］詹·乔·弗雷泽：《金枝》，徐育新等译，大众文艺出版社 1998 年版，第 75 页。

的宗教神学路线。需要注意的是，墨子偷梁换柱，把自己对政治社会的理解和观点说成天神的意志，借助天命鬼神的权威推行自己的政治理想，因而墨子思想的实质是披着宗教神学外衣的人文理性主义。从思想分化的角度讲，儒墨并称显学而表现出极大的思想差异。但就其思想实质和现实诉求来讲，两家又有共性，都希望通过人的作为而实现政治社会治理。

墨子所谓的天，指的是有意志的人格神，是宇宙的最高主宰者。天是全知全能的，人如果获罪于天，那就没有地方可以逃避，无论他躲在什么地方，天都会看到。因而，人应该相互警戒、相互提醒，不要获罪。那么，天的意志体现在哪里呢？墨子曰："天欲义而恶不义。"（《墨子·天志》）天喜欢正义，憎恶不义。如果我们能投其所好，从事天喜欢的事情，那么上天也会满足我们的欲求，做我们喜欢的事情，让我们获得福禄远离祸祟。可见，天与人是一种相互成就的关系，墨子以此来引导大家遵循正义。墨子进一步指出，天所喜欢的义，指的是匡正的意思，即用义来匡正人的行为。义对人行为的匡正是有等级秩序的，"无从下之政上，必从上之政下。"（《墨子·天志》）即按照自上而下的顺序，天—天子—三公、诸侯—将军、大夫—士—庶人，依次匡正。从墨子给出的顺序排列中，可见天所处的位置是最高的，天子接受天的匡正，由此就限制了天子的权力。另外，这一排序也揭示了政治社会的治理遵循高低贵贱的等级秩序，并且这一秩序是获得上天的认可的，这就论证了人类社会等级秩序的合法性。

墨子指出，天子处于等级秩序的顶端，拥有至极的权力与财富。普通人如果也想获得权力与财富，方法只有一个，那就是顺从天的意志。墨子曰："顺天意者，兼相爱，交相利，必得赏。反天意者，别相恶，交相贼，必得罚。"（《墨子·天志》）这里，墨子提出了自己的核心思想——兼爱。我们都知道，儒家的仁爱是有分别和差等的，即以血缘的亲疏远近为依据而施以不同的爱，孟子所谓"老吾老以及人之老，幼吾幼以及人之幼"正说明了这一点。对于儒家的爱有差等思想，墨子提出了尖锐的批评，斥之为愚蠢、虚假，墨子曰："赣愚甚矣""伪亦大矣"（《墨子·非儒》）。墨子认为，儒家的差等之爱导致了一个可怕的结果，即人人自爱而不爱他人，这正是天下动乱的根本原因。墨子曰："圣人以治天下为事者也，不可不察乱之所自起。当察乱何自起？起不相爱。"（《墨子·兼爱》）针对这种情况，墨子提出兼爱的思想。所谓兼爱，其本质是要求人们爱人如己，彼此之间不要存在血缘与等级差别的观念。墨子反问道："若使天下兼相爱，爱人若爱其身，犹有不孝者乎？"（《墨子·兼爱》）如果天下人都相爱，爱别人如同爱自己，那这世上还会有不孝顺的人吗？推而广之，墨子的结论是："故天下兼相爱则治，交相恶则乱。"（《墨子·兼爱》）既然不相爱是当时社会混乱最大的原因，那么通过"兼相爱，交相利"自然就能达到社会安定的状态。

墨子认为，天是最高主宰者，鬼神则是天的辅助者，执行上天的意志，帮助上天赏善罚恶。墨子指出，三代之后，天下失义，诸侯力政，民为盗贼，究竟是什么原因导致了天下如此的动乱呢？墨子回答说："则皆以疑惑鬼神之有与无之别，不明乎鬼神之能赏贤而罚暴也。今若使天下之人皆若信鬼神之能赏贤而罚暴也，则夫天下岂乱哉！"（《墨子·明鬼》）因为对鬼神的存在心有疑虑，不知道鬼神可以赏善罚恶，缺少了敬畏之心，人的行为也就越发的肆无忌惮，由此导致了天下的动乱。如果每个人都相信鬼神，敬畏鬼神，那么天下将不再有动乱。墨子列举古代的传闻、古代圣王对祭祀的重视以及古籍的有关记述，以此证明鬼神的存在和灵验。并且，鬼神与上天一样，是信赏必罚的存在，墨子曰："鬼神之所赏，无小必赏之；鬼神之所罚，无大必罚之。"（《墨子·明鬼》）墨子从历史经验的角度指出，三代圣王禹、汤、文、武因为顺应上天和鬼神的意志而得赏，三代暴王桀、纣、幽、厉因为违反上天和鬼神的意志而得罚。圣王"上尊天，中事鬼神，下爱人"，暴王"上诟天，中诟鬼，下贼人"（《墨子·天志》），因而他们的结局是不一样的。值得注意的是，墨子认为人间有着森严的等级秩序，把人间秩序纳入上天与鬼神的序列之后，人类处于序列的最底层，形成天—鬼神—人的三级序列。在这个序列中，天与鬼神都是超越的存在，鬼神的功能是辅助天以监督人，人作为被监督的对象除了顺应上天和鬼神的意志之外没有更好的选择。

总之，面对春秋时期的政治社会动乱，墨子继承了上古以来的宗教神学思想，以超越的上天与鬼神规范和监督人的行为。墨子指出，如同"轮人之有规，匠人之有矩"，上天和鬼神的意志就是天下的规矩，无规矩不成方圆，没有上天和鬼神的意志天下就会陷入动乱。墨子还借此批评当时的诸子百家之学，认为百家聚讼，著书立说，游说天下诸侯，但实际上他们的学说距离真正的仁义之道甚远，原因就在于他们不明天志、不信鬼神。墨子天志鬼神的天命观对后世影响深远，这种影响尤其体现在民间信仰、民俗文化中，反映了中国人的文化心理和宗教情怀。

 知识链接

墨子论鬼

墨子认为，天下之所以乱，是因为"皆以疑惑鬼神之有与无之别，不明乎鬼神之能赏贤而罚暴也。"（《墨子·明鬼》）意思是说，大家都疑惑鬼神到底有没有，不知道鬼神确实存在而且具有赏贤罚暴的能力。如何证明鬼神存在？墨子说可以求证于众人的耳目，也就是说大家见过、听过，大家的经历可以证实鬼神确实存在。墨子讲了一个"众之所同见，众之所同闻"的史实，即杜伯的故事。杜伯是周宣王的大夫，后被周宣王冤杀。周宣王之所以杀杜伯有两个说法：一是周宣王在位期间，民间流传女子乱政的谶语，于是周宣王就派杜伯处理此事。后来周宣王做梦，梦到有一个美女从西边来，进入太庙中把太庙神主牌位拿走了。周宣王从梦中惊醒，怀疑杜伯没有处理好女子乱政的事情，于是下令杀死杜伯。二是周宣王有个宠妃叫女鸠，女鸠看上了英俊的杜伯，想方设法勾引他。但杜伯为人正直，不为所动。女鸠恼羞成怒，于是在周宣王面前诬陷杜伯，说杜伯欺辱她。周宣王听信了女鸠的话，不顾左右的劝谏，下令杀死杜伯。据说杜伯在临死前说：我被国君冤杀，如果死后无知也就罢了，如果死后有知，我死三年之内一定来报复国君。恰逢三年之时，周宣王会合诸侯一起在野外狩猎，驾车数百乘，仆从数千人，声势浩大，人山人海。正好中午的时候，众人就看到杜伯骑着白马，穿着红衣，戴着红帽，手挽红色弓箭追杀周宣王，最后把周宣王杀死在车中。墨子说，这件事当时的周人都看到了、听到了，由此可见鬼神确实存在。墨子指出，大家应该引以为戒，不能冤杀别人，否则会得到鬼神的报复。墨子就是以这种方式来约束人的行为，实现由乱返治的目的。

（二）非命尚力的人道观点

在墨子的思想中，尽管有上天和鬼神作为超越的存在决定人类的一切事务，但墨子并不同于一般的宿命论者。原因就在于墨子所谓上天和鬼神的意志是人为建构出来的，也就是说墨子把自己对政治社会的期许和理想说成是上天和鬼神的意志，借助天志鬼神约束人的行为。但这并不是说人在天志鬼神面前是毫无作为的，相反，只要顺应上天和鬼神的意志，人就会得到自己想要的东西。因而，墨子否定儒家提倡的天命，主张"非命""尚力"。认为天下的治乱兴衰以及人的贫富寿夭等都不是由命决定的，只要顺应上天的意志，通过人为的积极努力，就可以达到天下太平和富贵长寿的目的。接下来，我们来看墨子具体是怎么论述的。

墨子指出，自古以来的王公大人治理国家都想让国家太平、百姓富庶、社会有秩序，但结果往往适得其反，这究竟是什么原因呢？墨子认为原因在于"执有命者以杂于民间者众"，这些人认为，贫富、众寡、治乱、寿夭等都是命定的，人的能力再强都无济于事。显然，命定论让人不再努力治理国家，从事生产，反而让人放纵自己，走向坏的一面。命定论是那些暴君、坏人为自己辩护的根据。持有这种观点"上以说王公大人，下以驵百姓之从事"，因而导致了天下动乱，所以墨子说"执有命者不仁"（《墨子·非命》）。那么，该如何驳斥这种观点呢？墨子提出了著名的"三表法"。

> 故言必有三表。何谓三表？子墨子言曰：有本之者，有原之者，有用之者。于何本之？上本之于古者圣王之事；于何原之？下原察百姓耳目之实；于何用之？发以为刑政，观其中国家百姓人民之利。此所谓言有三表也。（《墨子·非命》）

要驳斥命定论，必须首先确立检验言论的标准，确立标准之后就能明辨是非。墨子确立的标准有三个：一是考之于历史经验，特别是古圣先贤的事迹；二是验之于生活经验，特别是老百姓的日常生活实际；三是证之于政治社会治理实践，以法令的形式推行下去看国家百姓能否因此而获利。把上述三个标准用之于检验命定论：首先，考之于历史经验，夏桀与商汤同处一个时代、共有一方百姓，夏桀致使天下动乱，商汤却可以让天下恢复秩序。同样，商纣王与周武王也是这种情形，一治一乱，分别判然。由此可见，治乱由人，而不是命定的。其次，验之于生活经验，命定论使百姓愁苦，因为命定论颠覆了道义，道义被颠覆的结果只有一个，那就是天下动乱，百姓受苦。相反，坚守道义，驳斥命定论，天下就会大治，百姓也会因此获利。墨子举商汤的例子说："古者汤封于亳，绝长继短，方地百里。与其百姓兼相爱，交相利，移则分。率其百姓，以上尊天事鬼。是以天鬼富之，诸侯与之，百姓亲之，贤士归之。未殁其世，而王天下，政诸侯。"（《墨子·非命》）可见，墨子驳斥命定论的目的在于倡导他的兼爱、尊天事鬼理念。墨子认为，相对来说，百姓更喜欢兼爱思想而不是命定论。最后，证之于政治社会治理实践，古代圣王发布宪令，设立赏罚制度，目的是鼓励贤人。在制度的鼓励下，贤人居家能孝，外出能敬，举止有规矩，治理官府有方法，天下没有盗贼叛乱。这些都是人为努力的结果，而不是所谓命定。假如真的有命，大家都消极待命，不再有任何积极的作为，反而为自己的自私、暴虐找到了借口。由此可见，命定论祸国殃民，必须坚决反对。

　　墨子的非命思想主要针对的是儒家"死生有命，富贵在天"的观点，墨子尖锐地指出，这种观点会带来非常严重的后果。墨子曰："群吏信之，则怠于分职。庶人信之，则怠于从事。吏不治则乱，农事缓则贫，贫且乱，政之本。而儒者以为道教，是贼天下之人者也。"（《墨子·非儒》）既然凡事有命，那么人力就没有了发挥的余地，于是官吏不再勤勉从政，百姓不再努力耕耘，由此导致的就是政治混乱和生活贫饥。但儒家却以之为大道，不知道残害了多少天下人。墨子坚决反对这种思想，倡导人的主观能动性，认为通过人为的努力就能达成自己的理想。

墨子认为，人与禽兽是有差别的。禽兽有羽毛、皮革可以作衣服，有尖爪、硬蹄可以作鞋子，有水草可以作饮食。因而，禽兽不需要耕稼，不需要纺织，已然具备衣食。人则不同，墨子曰："今人与此异者也，赖其力者生，不赖其力者不生。君子不强听治，即刑政乱；贱人不强从事，即财用不足。"（《墨子·非乐》）人完全依靠自己的能力而生存，假如任由天命而不尽力，那么结果只有政治混乱、财用不足。在尽人力方面，墨子重视分工合作，各尽所能，各得其所。墨子指出，王公大人的职分是听讼治国，士人君子的职分是治理官府、收取赋税，农夫的职分是种粮种菜，妇女的职分是纺纱织布……不管在什么位置上，每个人都应该尽力做好自己的事情，不能有丝毫的懈怠。墨子曰："强必治，不强必乱；强必宁，不强必危。故不敢怠倦……强必贵，不强必贱；强必荣，不强必辱。故不敢怠倦……强必富，不强必贫；强必饱，不强必饥。故不敢怠倦……强必富，不强必贫；强必暖，不强必寒。故不敢怠倦。"(《墨子·非命》)只要各司其职，强力作为，就一定能达成自己的目的。

为了驳斥命定论，论证人力的重要性，墨子列举并对比了夏桀、商纣与商汤、周武的异同之处。夏桀、商纣是墨子所谓的暴王，商汤、周武则是墨子所谓的圣王，同一个天下、同一批百姓，暴王在上则天下乱，圣王在上则天下治。或治或乱，取决于君主的行为而不是天命。墨子曰："天下之治也，汤、武之力也；天下之乱也，桀、纣之罪也。若以此观之，夫安危治乱，存乎上之为政也，则夫岂可谓有命哉！"(《墨子·非命》)因而君主必须勠力为政，尽到自己的责任，"必使饥者得食，寒者得衣，劳者得息，乱者得治"(《墨子·非命》)。墨子认为，圣王之所以为圣王，之所以能获得天下的美誉，不是因为命，而是因为他们的努力。

综上所述，墨子的非命尚力思想，是以三表法反对儒家的命定论，倡导积极发挥人力的作用，通过人为的努力达成天下治理、百姓富庶的目的。墨子的非命尚力思想闪耀着人文理性主义的光辉，对于驳斥当时和后世的消极待命思想有着积极的意义。

 知识链接 ⋯⋯⋯⋯⋯⋯⋯⋯⋯⋯⋯⋯⋯⋯⋯⋯⋯⋯⋯⋯

墨子不是宿命论者

墨子虽然主张上天有意志、鬼神能赏罚，但他不是宿命论者，他反对"命富则富，命贫则贫"的命定论观点。据《墨子·贵义》记载，墨子从宋国出发到北方的齐国去，路遇日者，即观察天象以占候卜筮为业的人。日者告诉墨子说："上天今天在北方斩杀黑龙，我看你面色发黑，不适合到北方去。"墨子不信日者的话，坚持北上，走到淄水因为无法过河而折返回来。回来的路上又遇到上次那个日者，日者得意地说："我早说过你不适合北上。"墨子反问日者说："天下的人，南来北往的多了，有的肤色黑，有的肤色白，难道说今天都不顺利吗？并且，按照你们的理论，上天在甲乙日斩杀青龙于东方，在丙丁日斩杀赤龙于南方，在庚辛日斩杀白龙于西方，在壬癸日斩杀黑龙于北方。如此一来，天下之人还能走动吗？你的理论显然是靠不住的，有妖言惑众的嫌疑。"墨子对自己的理论非常自信，墨子说："我的理论足以应付天下之事，舍弃我的理论而另做别的思考，就如同舍弃自己的收获而去捡拾别人掉落的麦穗一样。以你的理论来反对我的理论，就如同以卵击石一样，尽管你把全天下的卵都拿来砸我的石头，也不会对我的石头造成伤害。"墨子对日者的反驳是有道理的，他主张在天志的范围内尽力而为，即尚力，充分发挥人的主观能动性，这样才能把事情做好。

（三）顺天有为的天人学说

在天人关系的问题上，一方面墨子主张天是有意志的人格神，鬼神辅助上天对人的行为进行监督和赏罚；另一方面墨子又肯定人的能力与作为，否认命定论，主张通过人们各司其职、各尽其力的强力作为以达成自己的目的。上述两个方面看似有矛盾，既肯定了天志鬼神又肯定了人力作为。实际上，在墨子的思想系统中，天志鬼神与人力作为是不矛盾的。原因就在于，所谓天的意志是墨子人为设定的，墨子把其关于人类社会的理想以及人的行为规范等说成是上天的意志，因而天的意志与人的行为是一贯的，这是墨子顺天有为的天人合一思想的独特之处。

墨子的思想体系非常庞杂，在《鲁问》中墨子将自己的思想总结为十个方面，分别是尚贤、尚同、节用、节葬、非乐、非命、尊天、事鬼、兼爱、非攻。墨子的十大主张是一个有机的系统，统一于政治社会治理实践，根据不同诸侯国的现实情况提供不同的治理方案。墨子在周游列国时，弟子魏越曾经问墨子见到各个诸侯国的国君之后会说什么？墨子回答说："凡入国，必择务而从事焉。国家昏乱，则语之尚贤、尚同；国家贫，则语之节用、节葬；国家熹音湛湎，则语之非乐、非命；国家淫僻无礼，则语之尊天、事鬼；国家务夺侵凌，即语之兼爱、非攻。故曰：择务而从事焉。"（《墨子·鲁问》）意思是说，到了一个国家之后，要根据这个国家的实际情况对症下药，选择最重要的事情进行游说。假如一个国家政治混乱，就告诉他们尚贤、尚同的道理；假如一个国家经济贫困，就告诉他们节用、节葬的方法；假如一个国家沉湎于靡靡之音，就告诉他们非乐、非命的好处；假如一个国家荒淫无礼，就告诉他们尊天、事鬼的戒律；假如一个国家喜欢侵略，就告诉他们兼爱、非攻的益处。由此可见，墨子的十大主张是针对当时各个诸侯国面临的具体问题制定出来的，其出发点是为了恢复天下秩序，实现政治社会治理。

墨子的十大主张尽管复杂，却可以概括为顺天有为的天人合一思想。其中天志是墨子提出的最高概念，上天作为最高主宰者对人间事务拥有决定权，鬼神则是上天的辅助者，帮助上天监督人类，施行赏罚。墨子在肯定尊天、事鬼的同时驳斥了儒家的命定论，主张非命尚力，积极肯定人的能力和作为。就政治社会治理来讲，尚力的内容包括兼爱、非攻、尚贤、尚同、节用、节葬、非乐等内容。尊天、事鬼即是顺天，非命尚力即是在顺天的前提下积极作为，这样一来墨子的十大主张就形成一个有机的系统，即顺天有为的天人合一论。墨子顺天有为的天人合一论，其思想特点是假天行道，即借助上天和鬼神的权威来推行自己的思想主张。下面我们把一些尚未论及的主张简略叙述于下。

比如尚贤，墨子指出王公大人都想要国家富庶，但结果却往往不能如愿，原因就在于王公大人在治理国家时喜欢任人唯亲而不是任人唯贤，墨子说："是故国有贤良之士众，则国家之治厚；贤良之士寡，则国家之治薄。故大人之务，将在于众贤而已。"（《墨子·尚贤》）至于尚贤的方法，在墨子看来也很简单，即不论高低贵贱、亲疏远近，只要有德有才就"富之、贵之、敬之、誉之"，"虽在农与工肆之人，有能则举之。高予之爵，重予之禄，任之以事，断予之令。"（《墨子·尚贤》）不肖者在看到王公大人的尚贤主张之后也会积极的提升自己，整个社会就会呈现出一种积极向上的氛围。

又如非攻，春秋末期，诸侯国之间的兼并战争频繁发生，墨子生当其时，亲眼目睹了兼并战争给百姓带来的灾难和痛苦。墨子斥之为不义，认为战争是天下的"巨害"，无论战胜与战败都会有巨大的损失。战争不符合国家百姓的利益，不符合圣王之道，因而墨子提出反战的非攻思想。墨子形象的比喻说，假如一个人在未经允许的情况下侵入别人家的园圃，偷摘园中的瓜果。大家都会认为这种行为是不义的，因为他亏人而自利。但是假如一个国家入侵另一个国家，烧杀抢掠，无恶不作，却没有人指责这种行为，甚至有的人还支持、赞誉这种行为，称之为义。墨子指出，这就是不明白义与不义的区别。墨子认为，侵略战争是最大的不义，因而他主张停止不义之战，为国家百姓谋福利。

再如尚同，墨子认为，天下之所以乱是因为"一人则一义，二人则二义，十人则十义"，人人各持己见"是其义，以非人之义"（《墨子·尚同》）。要解决这一问题，首先需要设立天子、三公、诸侯、大夫、士等管理团队，团队成员的选择只有一个原则，即德才兼备。成立管理团队之后，按照尊卑贵贱的等级秩序统一大家的思想："闻善而不善，皆以告其上。上之所是，必皆是之，所非，必皆非之。上有过则规谏之，下有善则傍荐之。上同而不下比者，此上之所赏而下之所誉也。"(《墨子·尚同》)意思是说，不论什么事情下级都要向上级报告，上级认为对的下级也必须以之为是，上级认为错的下级也必须以之为错。上级有过错，下级有责任规谏。有什么好人好事，下级要向上级推荐。大家都应该做到"上同而不下比"，即是非对错与上级保持一致而不在下面相互勾结提出异议。思想的统一是按照尊卑贵贱的等级秩序从下级依次向上级保持一致，最后全国统一于天子，墨子曰："天子唯能一同天下之义，是以天下治也。"(《墨子·尚同》)也就是说，只要天子能统一天下的思想，那么天下就能得到治理。需要注意的是，墨子说："天下之百姓皆上同于天子，而不上同于天，则灾犹未去也。"(《墨子·尚同》)天子在人间的等级秩序中处于最高级别，但加入天—鬼神—人的序列之后，上天就成了最高级别的存在，因而人间的思想必须统一于上天。

最后是节用、节葬、非乐，墨子是平民出身的思想家，墨家学派也是由底层劳动人民组成的。底层人民生活的贫苦养成了他们节约的习惯，墨子提出的节用、节葬、非乐等主张都是以节约为目的的。墨子指出，古代圣王治理天下都遵守节约的原则，宫室、衣服、饮食、舟车只要适用就够了，但当时的统治者却穷奢极欲，大力搜刮民脂民膏以满足自己无尽的欲求，使百姓的生活陷入贫困的境地。墨子曰："今天下为政者，其所以寡人之道多。其使民劳，其籍敛厚，民财不足冻饿死者，不可胜数也。且大人惟毋兴师，以攻伐邻国，久者终年，速者

数月，男女久不相见，此所以寡人之道也。"(《墨子·节用》)
寡人之道表现在两个方面：一是经济方面，横征暴敛、使民无
度，导致百姓穷苦以至于冻饿而死；二是兴师动众，发动战
争，百姓男女夫妇别离，以至于影响人口再生产。对此，墨
子曰："去无用之费，圣王之道，天下之大利也。"(《墨子·节
用》)即凡不利于实用，不能给百姓带来利益的，应一概取消，
这才是圣王之道。以丧葬为例，墨子指出，当时流行两种观
点：一种认为厚葬久丧是仁义之事，是孝顺的表现；另一种观
点则相反，认为厚葬久丧非仁义之举，是不孝的表现。墨子指
出，两种观点截然相反，要判断孰对孰错其实很简单，假如推
行厚葬久丧能够"富贫众寡，定危治乱"(《墨子·节葬》)，那
么厚葬久丧就是仁义之举、孝子之事，应该大力推行，否则就
应该严厉禁止。墨子针对当时统治者耗费大量财力人力实行厚
葬久丧的现象提出节葬的主张。墨子认为，厚葬久丧不仅浪费
了社会财富，而且还使人们无法从事生产劳动，并且影响了人
口的增长。这不仅对社会有害，而且也不符合死者的利益和古
代圣王的传统，因而必须加以废止。以音乐为例，墨子认为统
治者的任务是"务求兴天下之利，除天下之害"。因而，统治
者行事的标准只有一个，即"利人乎即为，不利人乎即止"，
凡是对国家人民有利的就做，有害的就禁止。统治者一味地追
求"目之所美，耳之所乐，口之所甘，身体之所安"，其结果
就是"亏夺民衣食之财"。基于此，墨子指出："为乐，非也！"
墨子进一步论证说，从普通百姓的角度讲，"民有三患，饥者

不得食，寒者不得衣，劳者不得息。"音乐无益于解决百姓的问题。从国家的角度讲，"今有大国即攻小国，有大家即伐小家，强劫弱，众暴寡，诈欺愚，贵傲贱，寇乱盗贼并兴，不可禁止也。"(《墨子·非乐》)音乐同样无益于解决这些问题。因此，必须禁止音乐。

综上所述，墨子顺天有为的天人合一思想包括两个方面：一是尊天、事鬼，即顺天的一面；二是非命、尚力，即有为的一面。其中，尚力又包括兼爱、非攻、尚贤、尚同、节用、节葬、非乐等。这就是墨子所提出的主要观点。墨子假天行道，把人为的努力说成天鬼的意志，因而人的努力作为就是对上天和鬼神意志的顺应，在这个层面上说天人实现了合一。

 知识链接 ┈┈┈┈┈┈┈┈┈┈┈┈┈┈┈┈┈┈┈┈┈┈┈

墨家领袖——巨子

墨家是先秦时期少有的有着严密组织的学派，其领袖被称为巨子（钜子）。墨子有没有做过巨子，史料无从考证。先秦典籍中可考证的墨家巨子只有三人，分别是孟胜、田襄子、腹䵍，见于《吕氏春秋》。据《吕氏春秋·上德》记载，墨家巨子孟胜与楚国阳城君关系很好，阳城君令孟胜守卫封地，并以玉璜为符，符合才能听命。恰逢楚悼王薨逝，阳城君与楚国的其他贵族一起参与了攻讨吴起的军事活动。楚肃王即位后，诛灭乱党，打击贵族势力，阳城君出逃。楚肃王派人收回阳城君的封地，孟胜作为封地的守卫答应过阳城君符合才能听命，如今未见阳城君的玉符，因而拒绝交出封地。孟胜说："受人之托，忠人之事。如今未见玉符，定然不能交出封地。但是楚军势力强大，我们也无法抵抗。唯一的方法就是以命相抵，死而后已。"孟胜的弟子劝谏说："您不能死，您死了墨家就后继无人了。"孟胜回答说："不死，自今以后，求严师必不于墨者矣，求贤友必不于墨者矣，求良臣必不于墨者矣。死之，所以行墨者之义而继其业者也。"意思是说，墨家最重视信义，如果不能坚守信义，就做不了严师、贤友、良臣。只有以死守护信义，践行墨家的精神理念，这样墨家的事业才能发扬光大。说完之后，孟胜慷慨赴死，追随孟胜而死的弟子有一百八十多人。从这个故事可以看到墨家的侠义精神。

三、人与天调——管子的天人合一智慧

    《管子》一书并非形成于一时，其作者也并非一人。从成书时间讲，《管子》大约形成于战国至秦汉时期；从作者群体讲，《管子》的作者群体以齐国稷下先生为主，托名于春秋时期齐国名臣管仲以自重；从思想学派讲，《管子》内容庞杂，以道家和法家思想为主。不同于以孔、孟、荀为代表的儒家学派，强调从道德心性、仁义礼法的角度阐述天人合一思想，《管子》在天人关系问题上表现出兼收并蓄的特征，既有自然主义倾向，也有神秘主义色彩。本章以《管子》文本为依据，围绕天人关系问题试图梳理出一个逻辑脉络，以此阐明尽管《管子》思想驳杂，但并未脱离中国哲学、齐鲁文化"天人合一"的思想追求。

（一）三才之道的思想架构

三才即天、地、人，用以表征宇宙构成的三大要素，或者具体事物存在的基本结构。三才的概念最初见于《周易·系辞下》，曰："《易》之为书也，广大悉备。有天道焉，有人道焉，有地道焉。兼三才而两之，故六。六者非它也，三才之道也。"意思是说，《周易》一书揭示了万事万物的道理，其中大的方面有三个，即天道、人道与地道。《周易》一卦六爻象征的就是天地人三才之道，其中初爻、二爻象征地道，三爻、四爻象征人道，五爻、上爻象征天道。实际上，三才之道是《周易》借助卦爻符号的形式对宇宙总体构成以及万物存在结构的模拟与象征。从宇宙总体构成的角度讲，基于人的生活实践经验，可以把宇宙万物归结为天、地、人三个大的方面。天在上，地在下，人与万物居于天地之间。因为人有知觉意识和理性能力，能够统领、驾驭万物，所以人可以作为万物的代表与天、地统称为三才。从万物存在结构的角度讲，任何一个具体事物都有三个逻辑层次，即阴、阳以及阴阳的辩证统一。《系辞上》曰："一阴一阳之谓道"，任何一个具体事物都蕴含着阴、阳两个方面，这两个方面是辩证统一的。比如，一枚硬币有正反两面，而正反面的辩证统一则构成了硬币自身，因而硬币是以正面、反面以及正反面辩证统一的逻辑结构存在的。这一逻辑结构适用于万事万物，这是三才之道的另一个理解角度。

以三才结构理解万物的存在并不是《周易》的一家之言，道家的代表人物老子同样有这种思想。《老子》曰："道生一，一生二，二生三，三生万物。万物负阴而抱阳，冲气以为和。"所谓"三生万物"有两种理解方式：一是把"三"理解为阴气、阳气以及阴阳二气的交合所形成的冲和之气，"三生万物"意思是说万物都是由阴阳二气的交合所产生的；二是把"三"理解为阴、阳以及阴阳的辩证统一，"三生万物"意思是说万物都是以负阴抱阳或者阴阳辩证统一的方式存在的。可见，《老子》与《周易》在这个问题上的理解是颇为相似的。不同于《老子》《周易》哲学思辨式的理解，儒家孟子、荀子的理解更为简单直观。孟子曰："天时不如地利，地利不如人和。"（《孟子·公孙丑上》）荀子曰："农夫朴力而寡能，则上不失天时，下不失地利，中得人和，而百事不废。"（《荀子·王霸》）孟子、荀子的本意是说，做任何事情都需要天时、地利、人和三个方面因素的配合才可以，这种直观的理解方式同样蕴含着三才思想，是对《老子》《周易》哲学思辨式理解的现实应用。

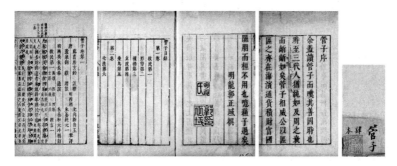

｜《管子》书影

尽管《管子》一书中没有提到"三才"这个词，但天地人三才的思想架构却是贯穿全书的，《管子》三才思想的特色在于它把源自《老子》《周易》的三才之道应用于治理天下。《管子》认为宇宙的结构是以天地人三才为框架的，天地如同一个包裹，人与万物囊括于其中，并且天地万物共同遵循同一个"宙合之道"。《管子·宙合》曰："天不一时，地不一利，人不一事。可正而视，定而履，深而迹。夫天地一险一易，若鼓之有栟，摘挡则击。天地万物之橐，宙合有橐天地。"意思是说，宇宙万物虽然纷繁复杂，但可以天地人三才为框架，提纲挈领，囊括并统御万物。天地如同包裹，囊括人与万物，宙合之道则贯通于天地万物之中。何如璋曰："此名宙合者，谓其道上极于天，下察于地，稽之往古，验之来今，推之四方，运之四时，皆一道所范围，而万物莫能外也。"① 那么，所谓宙合之道指的是什么呢？从《宙合》文本来看，宙合之道指的是天地、上下、险易、内外、动静、开阖、屈伸等的辩证统一之道，可以统称为阴阳辩证统一之道。由此可见，《管子》的三才思想与《老子》《周易》是一脉相承的。《管子》同样从两个角度阐述三才思想，从宇宙总体构成的角度讲，《管子》以天地人三才囊括宇宙万物；从万物存在结构的角度讲，《管子》以宙合之道贯通天地万物。不同的是，《管子》更进一步把三才思想应用于治理天下。

---

① 黎翔凤：《管子校注》，中华书局 2004 年版，第 205 页。

《管子》认为先王最为重视的是宙合之道，人君掌握了宙合之道就能治理天下，成就王霸之业。《管子·枢言》指出："凡万物阴阳两生而参视，先王因其参而慎所入所出。"意思是说，宇宙万物都是由阴阳二气交合产生的，从其存在结构的角度讲，任何一个具体事物都是"参"的结构。参即三，万物都是由阴、阳以及阴阳的辩证统一等三个逻辑层面构成的。因而，先王看待万物是以参的眼光去观察的，正是因为考虑到万物三的逻辑结构，所以先王对其"所入所出"非常的谨慎。那么，何谓"所入所出"？《周易·系辞下》曰："其出入以度，外内使知惧。"韩康伯注曰："明出入之度，使物知外内之戒也。"①所入即采纳别人的建议、学习外界的知识等，所出即自己的言行举止、施政方针等。先王谨慎地对待自己的所入所出，一切言行都符合法度。这样一来，朝内的大臣以及朝外的百姓等都有所遵循、有所戒惧。

　　接下来的问题是，"万物阴阳两生而参视"，即三才思想对于先王治理天下有什么具体的指导意义呢？也就是说，为什么先王"因其参"就能"慎所入所出"呢？理由是宙合之道贯穿于万事万物，体现在人类政治社会就是尊卑贵贱的等级制度，先王以礼法维持等级制度就能很好的治理天下。《管子·枢言》指出："以卑为卑，卑不可得；以尊为尊，尊不可得。"原因就在于尊、卑不是独立存在的，人类社会的等级秩序是在尊与卑

---

① 黎翔凤：《管子校注》，中华书局 2004 年版，第 248 页。

的对立统一之中表现出来的，因而人类社会同样呈现出尊、卑以及尊卑的对立统一等三才的逻辑结构。《管子·枢言》曰："贱固事贵，不肖固事贤。贵之所以能成其贵者，以其贵而事贱也。贤之所以能成其贤者，以其贤而事不肖也。恶者美之充也，卑者尊之充也，贱者贵之充也，故先王贵之。"从静态的角度讲，整个社会固然呈现出贵贱、尊卑、美恶、贤不肖等井然的等级秩序。但人类社会是动态发展的，从动态的角度讲，贵贱、尊卑、美恶、贤不肖等矛盾的双方可以随着具体情境的变化而发生转化，先王最重视的就是这种转化，把握转化的节奏就能治理好天下。把握转化节奏的方法就是以礼法规范尊卑贵贱的等级秩序，《管子·枢言》曰："法出于礼，礼出于治，治礼道也，万物待治礼而后定。"在礼法的规范之下，万物有其秩序，人类社会尊卑贵贱的转化也有条不紊，全在君主的掌控之中，天下因而获得治理。

 知识链接 ┈┈┈┈┈┈┈┈┈┈┈┈┈┈┈┈┈┈

黄老道家

黄老道家也称为黄老之学，黄即黄帝，老即老子，黄老道家因为推崇黄帝之学与老子之学而得名，流行于战国中期至秦汉之际，主要代表作除了《黄老帛书》之外就是《管子》。黄老道家思想驳杂，它以道家思想为主，同时吸纳了阴阳家、法家、儒家、墨家等思想。司马迁的父亲司马谈在《论六家要旨》中对黄老道家的思想主旨有一个简明的总结，他说："道家使人精神专一，动合无形，赡足万物。其为术也，因阴阳之大顺，采儒墨之善，撮名法之要，与时迁移，应物变化，立俗施事，无所不宜，指约而易操，事少而功多。"（《史记·太史公自序》）司马谈认为，黄老道家博采阴阳、儒、墨、名、法等众家之长，既能用之于修身，使人精神专一；同时也能用之于治国，方法简易并且事半功倍。《管子》作为稷下道家推尊管仲之作的集结，集中反映了黄老之学的思想内容，提出因天循道、守雌用雄、君逸臣劳、清净无为、万民自化、因俗简礼、休养生息、依法治国、宽刑简政、刑德并用等一系列的政治主张，对此后的中国政治历史的发展有着重大的影响。

（二）务时寄政的政治哲学

《管子》的政治哲学源自传统的天人感应思想，天人感应思想在中国有着悠久的历史渊源，早在《尚书·洪范》中已见天人感应的思想雏形。据《尚书·洪范》，周武王灭商之后拜访商代遗臣箕子，向箕子请教治理天下的方略，箕子就把天帝赐给大禹的九种治理天下的大法告诉了周武王，是为"洪范九畴"。其中第八个方略是"念用庶征"，即在具体的治国理政实践中，有几种征兆可以检验君主的行为。一个大的原则是：君主行为适当，则天示之以吉兆；君主行为悖乱，则天示之以凶兆。因而，根据这些征兆就可以判断君主的行为是否恰当，进而为君主治理天下提供应对之法。具体来说，《洪范》指出有五种征兆值得注意，分别是：雨、晴、热、寒、风。在今天看来，这五种征兆都属于自然气候现象，古人却认为它们可以表征天帝的旨意。《洪范》认为，如果一年之中五种现象都根据四季的时序出现，那么这一年就风调雨顺、百草丰茂；假如五种现象中的任何一种出现的过多或者过少，那就意味着这一年会出现凶灾。而五种现象是否会正常出现，则与君主的行为密切相关。这样《洪范》就把君主的行为融入五种征兆之中，把天人关联在一起，初步形成天人感应的理论模型。《洪范》把征兆分为两类：一是休征，即吉兆，指雨、晴、热、寒、风五种现象适宜、适时出现，说明君主的行为恰当，包括恭敬、修治、明哲、深谋远虑、通达事理等；二是咎征，即凶兆，指雨、晴、热、寒、风五种现象过度、不时的出现，导致灾害发生，说明君主行为悖乱，包括狂妄自大、行为错乱、贪图安逸、急躁冒进、昏聩不明等。君主根据上述征兆就可以考察政治得失，促进天人有序和谐。《尚书·洪范》的天人感应思想是以君权神授观念为基础的，君主接受上天赋予的权力，同时受到上天的监督。这种思想对于限制君主的权力，防止君主胡乱作为有着积极的意义。但从内容上看，《尚书》的天人感应思想还是比较简略粗糙的，《管子》对这一思想作了系统的发展。

《管子》对天人感应思想的发展表现在，它吸纳《月令》一系文献的顺时布政思想，以阴阳五行思想为基础建构了一套

"务时而寄政"的政治哲学。务时寄政思想源自于《夏小正》《月令》等文献，《夏小正》记载了一年十二个月每月相应的物候、气象、星象等自然信息，同时记载了该月相应的政事与农事，已然蕴含了顺时布政的思想，《月令》则将这一思想系统化、条理化。《管子》在《月令》一系文献的基础上，融入了阴阳五行与刑德思想，提出务时寄政的施政方略。

《管子》认为，君主治理天下，一定要按照时令安排施政措施。假如政令违背了时令，作为君主必须要观察时令的变化，反省施政违背时令的原因，然后改革施政方式以求重新顺应时令，顺应时令即是顺应天道。务时寄政的道理旷远而微暗，普通人是无法觉察和理解的，只有圣人才能深刻理解和体会。对于国家治理来说，务时寄政非常关键，施政不顺四时就等于失掉了国家的根基和常轨。君主的圣明就表现在对天地之道的信奉与顺应，君主施政方略的正当性就在于顺应四时的变化。《管子》指出，君主圣明就会受"天赏"，否则就会受"天祸"。《管子·四时》曰："是故阴阳者，天地之大理也；四时者，阴阳之大经也；刑德者，四时之合也。刑德合于时则生福，诡则生祸。"与《尚书·洪范》的天人感应思想不同，《管子·四时》的天人感应思想是以阴阳五行为哲学基础的，其间并没有君权神授的思想遗迹。也就是说，《管子》天人感应中的天指的是天道，表现为阴阳五行之理以及四时变化的规律与秩序。天地之道即是阴阳之理，四时的交替变化是对阴阳之理的具体展现，君主布政施策顺应四时变化就有了德与刑。黎翔凤曰：

"德合于春夏，刑合于秋冬。"① 春夏时节，阳气生发，阳主恩德，因而君主春夏施政以恩德为主；秋冬时节，阴气收敛，阴主刑杀，因而君主秋冬施政以刑杀为主。顺应四时的变化而施政就能"生福"，否则就会"生祸"。这里的福祸并非天帝、天神所降，而是顺应或违背阴阳五行之理的自然结果。

　　具体来说，《管子·四时》把时令、方位、阴阳、五行、星象、气象等，以及与之匹配的施政方针编织在一起，形成一个巨大而细密的网络，建构了一套有机、系统的政治哲学体系。《管子·四时》曰："然则春夏秋冬将何行?"意思是说，如何依据春夏秋冬四时的变化而发布施政方略、践行治理方案呢?

　　首先，《管子·四时》基于阴阳五行阐明了四季的特征与德性。

　　　　东方曰星，其时曰春，其气曰风，风生木与骨。其德喜嬴而发出节时。

　　　　南方曰日，其时曰夏，其气曰阳，阳生火与气。其德施舍修乐。

　　　　西方曰辰，其时曰秋，其气曰阴，阴生金与甲。其德忧哀、静正、严顺，居不敢淫佚。

　　　　北方曰月，其时曰冬，其气曰寒，寒生水与血。其德

---

① 　黎翔凤：《管子校注》，中华书局 2004 年版，第 838 页。

淳越、温怒、周密。

黎翔凤曰:"东方阴阳之气和杂之时,故为星。"这里的星并非指天上的星辰,而是指万物之精,即万物萌生的始点与精华。在阴阳二气的交合之下,万物萌生于春天,春风吹过,草木复苏,生机无限,春之德为生机、喜悦、发陈、舒展。黎翔凤曰:"南方太阳,故为日也。"日代表的是夏季阳气壮盛之象,夏季之时,万物长大,草木枝繁叶茂,繁花似锦,夏之德热情、大方、快乐、博爱。黎翔凤曰:"辰,星日交会也,秋阴阳适中,故为辰。"辰代表的是阴阳适中、平衡的状态,秋即揫,万物成熟之时,以手揪取而收敛之。秋季之时,阴气肃杀,万物萧条,秋之德忧郁、哀戚、静正、严顺,万物内敛而不敢放纵。黎翔凤曰:"北方太阴,故为月也。"月代表的是冬季阴气凝盛之象,冬即中,意为"藏收万物于中"。冬季之时,天气寒冷,肃杀阴沉,花叶凋零,万物收敛,冬之德淳朴、周密、寒凝。[①]基于四季的特征与德性,君主应当安排相应的治理方案。

其次,基于四季的特征与德性安排与之相应的政事,更为重要的是,《管子》指出施政违背时令会导致相应的灾祸。

> 春行冬政则雕,行秋政则霜,行夏政则欲。
> 夏行春政则风,行秋政则水,行冬政则落。

---

① 黎翔凤:《管子校注》,中华书局 2004 年版,第 842—855 页。

秋行春政则荣，行夏政则水，行冬政则耗。

冬行春政则泄，行夏政则雷，行秋政则旱。

值得注意的是，上述灾祸是由施政不当导致的，其背后的依据不是天帝、天神的惩罚而是阴阳五行之气的失调。《管子·四时》曰："是故春凋，秋荣，冬雷，夏有霜雪，此皆气之贼也。刑德易节，失次则贼气遫至，贼气遫至，则国多灾殃。"所谓气之贼，黎翔凤曰："气反时则为贼害也。"[①] 即阴阳五行之气的运行出现了问题导致灾害的发生，所以"圣王务时而寄政焉，作教而寄武，作祀而寄德焉。此三者，圣王所以合于天地之行也。"圣王顺时而布政，因教而习武，设祭以显德，这是圣王顺应天地运行规律的表现，是天人合一的表现。

最后，针对灾祸的发生，《管子》给出救治灾祸的方案，即按时"发五政"。

春三月以甲乙之日发五政……五政苟时，春雨乃来。

夏三月以丙丁之日发五政……五政苟时，夏雨乃至也。

秋三月以庚辛之日发五政……五政苟时，五谷皆入。

冬三月以壬癸之日发五政……五政苟时，冬事不过，所求必得，所恶必伏。

---

① 黎翔凤：《管子校注》，中华书局 2004 年版，第 855 页。

所谓五政，即五种与时令相应的政治举措，这些举措是对此前基于四季特征与德性而安排的政令的优化与调适。因而，五政是对君主因时布政的补充，同时也是对君主政策失误的挽救与弥补。值得注意的是，《管子》对五政的发布日期也做了具体规定，比如"春三月以甲乙之日发五政"，黎翔凤曰："甲乙统春之三时也。"① 甲乙属木，于时为春，选择在甲乙日发布五政，目的是为了顺应春季之木气。《管子》的择日施政是后世择吉术的来源，体现了整体、系统、有机的思维方式。即把整个宇宙视为一个整体、有机的大系统，任何一件事的发动都要顺应这个系统的运行节奏与规律，这是因时布政的核心要义所在。

综上所述，《管子》吸纳了《尚书》以来的天人感应思想以及《月令》一系文献的因时布政思想，提出"务时而寄政"的政治哲学。不同于传统的天人感应思想，《管子》所谓天并不是指天帝、天神，而是阴阳五行之气的运行规律。因而，《管子》务时寄政思想的哲学基础不是神学而是阴阳五行哲学。另外，《管子》的务时寄政并不是机械的、生硬的体系，而是把宇宙万物视为一个有机的动态系统，针对不同时令的施政方针是灵活的，可以调整的，同时还有相应的补救方案和救灾措施，彰显了理性主义的光辉。

---

① 黎翔凤：《管子校注》，中华书局2004年版，第843页。

推阴阳言灾异

以《管子》的务时寄政思想和《月令》一系的文献为资源，汉儒发展出一个推阴阳言灾异的思想潮流。这个思想潮流在汉代始于董仲舒，董仲舒在《天人三策》中说："国家将有失道之败，而天乃先出灾害以谴告之。不知自省，又出怪异以警惧之。尚不知变，而伤败乃至。以此见天心之仁爱人君而欲止其乱也。"（《汉书·董仲舒传》）意思是说，天人之间相互感应，如果国君失道败德，上天就会以各种灾害谴责人君。人君看到灾害之后应当反躬自省，否则上天就会以怪异恐吓人君。如果人君仍然不知悔改，上天就会转移天命。董仲舒指出，他的这一观点是经过《春秋》所载历史事实证明了的，由此也可以看出上天对人君的仁爱与呵护，所以人君应当勤勉有为、励精图治，以此回报上天的恩德。董仲舒之后，汉儒推阴阳言灾异者蜂起，班固说："汉兴，推阴阳言灾异者，孝武时有董仲舒、夏侯始昌，昭宣则眭孟、夏侯胜，元成则京房、翼奉、刘向、谷永，哀平则李寻、田终术，此其纳说时君著明者也。"（《汉书·眭两夏侯京翼李传》）汉儒之所以喜欢推阴阳言灾异，以至于形成一种时代风潮，原因有很多。其中最重要的是，面对大一统中央集权，儒者试图借助天的权威来约束和限制君主权力，以此维持政治社会的正常运行秩序。可见，汉儒推阴阳言灾异的目的并不在阴阳灾异本身，他们关注的是现实政治社会，这是儒家推天道以明人事思想传统的一种体现。

（三）人与天调的天人学说

在天地人三才之道的结构框架下，《管子》指出，君主必须务时而寄政，即按照时令的变化依次推行相应的政令，这样做的目的当然是为了实现政治社会治理。除此之外，《管子》还有更高层次的追求，即实现"人与天调"的理想境界。所谓人与天调，简单来说，是指人事与天道之间的协调。这种协调并不是人为机械的把人事强行与天道匹配，而是说人就是天地万物的一个有机组成部分，任何人事的安排都在天道的范围之内，人事与天道是一个有机整体并且健康、有序的运转下去，这就是《管子》的天人合一思想。

《管子》指出，天不变其常，也就是说天道有自身的运行规律，并且天道的运行规律贯彻于万物之中，呈现出周而复始的稳定性。《管子·形势》曰："天不变其常，地不易其则，春秋冬夏不更其节，古今一也。"对于这句话，《形势解》做出了系统的阐释。所谓天之常，指的是"天覆万物，制寒暑，行日月，次星辰，天之常也。治之以理，终而复始。"意思是说，上天覆育万物，节制寒暑的交替，运行日月的轮转，次第星辰的顺序，这是天道运行的常规表现。之所以有此常规，是因为天道表现为常理贯彻于万物之中，万物遵循常理而发展变化，因而呈现出周而复始的稳定性。与天之常相对应，人类社会中不同角色和身份的人也各有其常道。《管子》指出，君主之常在于牧养百姓，治理天下，统率百官，其中需要遵循的常道是礼法。父母之常在于和睦子孙，团结亲戚，其中需要遵循的常道是恩义。臣下之常在于辅助君主，治理天下，其中需要遵循的常道是恭敬忠信。子妇之常在于孝养父母，其中需要遵循的常道是敬爱孝顺。《管子》认为，不管是天还是人，都得遵循常理常道。《形势解》曰："用常者治，失常者乱，天未尝变其所以治也。"只有遵循常理常道天人才会有秩序，周而复始，繁而不乱，这是人与天调的一个表现。

《管子》认为，人作为天地的产物，必须顺应天地万物的运行规律。《管子·内业》曰："凡人之生也，天出其精，地出其形，合此以为人。"人是天地阴阳交合的产物，人的精神源自天之阳气，形体源自地之阴气，天地交、阴阳合于是产生了人。人之所以为人，关键在于智慧谋略，人的智慧谋略同样来自天地之精气，圣人作为人类的优秀代表就是将天地之精气藏于胸中进而转化为智慧谋略。圣人的智慧谋略表现在无为而治，即顺应天地万物运行的规律而不横加干涉。《管子·内业》指出，天是公正的，表现在春夏秋冬四时的平分；地是平均的，表现在一视同仁的生育万物；人是有谋略的，表现在喜怒哀乐之情和予取予求之欲。不同于普通人的放纵和任性，圣人的智慧表现在"与时变而不化，从物而不移"，即顺应四时的变化、万物的变迁而不随意施加人为的干涉。因为圣人知道天地万物的运行是有规律的，并且不以人的意志为转移。所以圣人面对天地万物能够公正而不偏私、安静而不躁动，只有这样才能内心安定、耳聪目明、四肢坚固。由此可见，顺应天地万物的运行规律，既是圣人应对外界的方法，同时也是圣人养生的方法。

《管子》认为，圣人之所以有这样的智慧，是因为精气蕴藏在圣人心胸之中。那么，圣人胸中的精气是如何转化为智慧谋略的呢？《内业》曰："精也者，气之精者也。气，道乃生，生乃思，思乃知，知乃止矣。"所谓精气，指的是"气之尤精者"①，也就是说精气并非神秘主义的神识、神意，而只是气之精华。这种精华之气在道的作用下才有了生生的功能："凡物之精，此则为生。下生五谷，上为列星。流于天地之间，谓之鬼神。藏于胸中，谓之圣人。"（《管子·内业》）精气能够生五谷、生列星、生鬼神，同样可以生出人的智慧谋略。圣人之心内蕴精气，精气生思虑，思虑生智慧。有了智慧就能认识到天地万物运行的规律，因而人的行为就有了边界，知道该在什么地方停止，而不是毫无边界的对万物横加干涉。《内业》尖锐地指出："凡心之形，过知失生。""过知"即聪明过了头，认为人的智慧和能力是无限的，从而狂妄自大，无视天地万物的运行规律，对万物横加干涉，由此带来的必然是天地万物对人类的"反噬"。《管子》的这一思想深刻揭示了人类智慧的缺

---

① 黎翔凤：《管子校注》，中华书局 2004 年版，第 937 页。

陷所在，对于当前处理人与自然的关系问题有着极大的启示意义。

不同于"过知失生"，《管子》认为在合理的范围内，人类可以做到认识和利用天地万物的运行规律来为人类谋福利，基于此《管子》提出"人君天地"的理念。据《管子·度地》记载，齐桓公曾就如何选址建都立国的问题请教管子，管子指出，在这个问题上可以充分发挥人的主观能动性，运用人的智慧谋略做出有利的选择。管子说："故圣人之处国者，必于不倾之地，而择地形之肥饶者。乡山，左右经水若泽，内为落渠之写，因大川而注焉。乃以其天材，地之所生利，养其人以育六畜。天下之人，皆归其德而惠其义。"意思是说，圣人建都立国，必然选择地基深厚稳固没有倾覆危险的地方，而且要地形平坦、土壤肥沃，目的是利于农耕。国都要依山而建，左右有河流经过，城内也要修好排水系统，方便把城内之水排到城外的河流中。然后利用天时、地利，种植庄稼，繁育牛羊，养育百姓。如此一来，天下之人都会感念君主的恩惠而望风归附。从管子的话可以看出，在建都立国的问题上，人可以充分地认识天地自然的实际情形，然后做出有利于人类的选择。管子指出，人类主观能动性的发挥不仅体现在选址建都的问题上，还体现在祛除五害的问题上。所谓五害，指的是水灾、旱灾、风雾雹霜、瘟疫、虫害等五种自然灾害，这些灾害对于国家治理存在极大的威胁，因而作为君主必须充分发挥自己的智慧谋略祛除它们。管子指出："五害之属，伤杀之类，祸福同矣。知备此五者，人君天地矣。"（《管子·度地》）五害对百姓有极大的杀伤力，对国家治理来说是祸害。人君运用自己的智慧谋略处理好五害，那么人君就能主宰天地，充分地利用天地万物为人类服务，"所谓与天地合其德"[①]，即天人合一。

综上所述，与《荀子》的"制天命而用之"相似，《管子》认为人类拥有智慧谋略，能够认识天地万物的运行规律，能够祛除自然灾害，利用天地万物为人类谋福利。但前提条件是，人类必须遵循顺应天地自然的运行规律，谨守人类智慧和能力的边界，做到人与天调，和谐统一。《管子》的天人合一智慧对于当今的生态环境保护有着极大的启发意义，值得我们认真学习。

🔗 **知识链接** ⋯⋯⋯⋯⋯⋯⋯⋯⋯⋯⋯⋯⋯⋯⋯⋯⋯⋯⋯

《〈管子〉四篇》

《〈管子〉四篇》指的是《管子》中的四篇文献，分别是《心术上》《心术下》《白心》《内业》。一直以来，上述四篇文献并没有引起人们特别的重视。直到 20 世纪 40 年代，随着中国哲学史研究的发展，以郭沫若、刘节等为代表的学者们在对中国古籍中的哲学史史料进行整理和诠释时，发现《管子》中的上述四篇文献所表现出的思想代表了中国哲学史上的重要一环，因而他们把四篇文献独立出来，称为《〈管子〉四篇》。《〈管子〉

---

① 黎翔凤：《管子校注》，中华书局 2004 年版，第 1058 页。

四篇》以精气概念来阐释老子的道论，并以此为哲学基础发展出集养生与治国为一体的思想体系。从养生的角度讲，《〈管子〉四篇》认为，人类身体的生命活力源自于体内的精气，精气积累的越多，生命力越强盛。因而，养生的关键就在于保持先天禀赋的精气不损耗以及尽量从饮食、空气等中获取后天的精气。从治国的角度讲，《〈管子〉四篇》认为，治国的关键在于君主，君主能养生修身、虚静无为、体道精思，不仅自己可以长生久视，国家也能治理好。具体来说，《〈管子〉四篇》提倡君主无为，臣下有为，君臣各有职分，循名责实，因循礼法。《〈管子〉四篇》认为，养生与治国是一体的，统一于君主一身。作为黄老道家的代表作，《〈管子〉四篇》有着重要的思想史意义。

四、尽心知天——孟子的天人合一智慧

孔子提出仁的观念，作为孔子的私淑弟子，孟子的思想贡献是对仁进行深入的哲学论证。孟子提出的性善论为人类的道德行为奠定了坚实的内在根基，主张通过道德修养达至与天合一的完满境界，因而孟子的天人合一智慧主要表现在德性修养方面，主旨是谈论道德境界问题。孟子的天人合一就是冯友兰所谓"天地境界"，即成就道德达到人生最高层面后的一种与天地合并为一的精神感受。

（一）思孟学派的学术传承

关于孟子的师承渊源，孟子自己曾经说："君子之泽五世而斩，小人之泽五世而斩。予未得为孔子徒也，予私淑诸人也。"（《孟子·离娄下》）意思是说，君子的德行学问对后世的影响要经过五世（150年）才会断绝，孟子虽然没有亲自受业于孔子之门，但孟子求学之时孔子的德行学问尚留存于世间，孔子的门徒仍然在传授其学说，孟子能够从孔子的门人那里学习孔子的思想，因而孟子以孔子的私淑弟子自称。荀子曾经对孟子的学说提出批评，从批评中可以进一步探究孟子的师承关系。

> 略法先王而不知其统，犹然而材剧志大，闻见杂博。案往旧造说，谓之五行，甚僻违而无类，幽隐而无说，闭约而无解。案饰其辞而祗敬之曰：此真先君子之言也。子思唱之，孟轲和之。世俗之沟犹瞀儒，嚾嚾然不知其所非也，遂受而传之，以为仲尼、子游为兹厚于后世，是则子思、孟轲之罪也。（《荀子·非十二子》）

子思为孔子之孙，荀子将子思、孟子前后相续，认为二者具有内在的联系。据此，司马迁说："孟轲，邹人也，受业子思之门人。"（《史记·孟子荀卿列传》）因而，后世将子思、孟子并称为思孟学派。之所以能成为一个学派，是因为他们有着共

同的思想传承。据
荀子的批评，思孟
学派传承的学术
思想是"案往旧
造说，谓之五行"。
所谓五行，传统
学者理解为五常，
比如清儒王先谦
注曰："五行，五
常，仁义礼智信是

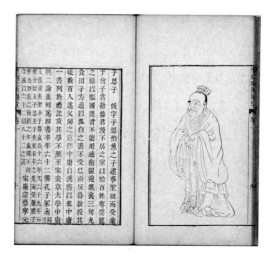

古籍中的子思子（孔伋）画像及介绍

也。"①1993 年，郭店楚简出土，其中就有儒家文献《五行》篇，
至此荀子所批评的思孟学派的思想内容才真正被揭示出来。②

> 仁形于内谓之德之行，不形于内谓之行。义形于内谓
> 之德之行，不形于内谓之行。礼形于内谓之德之行，不形
> 于内谓之行。智形于内谓之德之行，不形于内谓之行。圣
> 形于内谓之德之行，不形于内谓之行……五行皆形于内而
> 时行之，谓之君子。（《郭店楚简·五行》）

思孟学派所谓五行指的不是金木水火土五种属性，而是仁

---

① （清）王先谦：《荀子集解》，中华书局 2013 年版，第 110 页。

② 李零：《郭店楚简校读记》，中国人民大学出版社 2007 年版，第 100 页。

义礼智圣五种道德行为。思孟学派认为，人有内外之分，内指的是内心的意识，外指的是外在的行为。仁义礼智圣五种道德行为的成就必然是内外一体贯通的，也就是说，人的内心必须具备道德意识，即"形于内"，同时这种内在的道德意识必须要付诸外在的道德实践，即"时行之"，如此内外一如才是道德行为的实现与完成。假如缺乏内在的道德意识，仅有外在的道德行为，即"不形于内谓之行"，那么这种道德行为因为没有真实生命情感的支撑而落入形式主义，因而是虚妄的，必然不能持久。春秋战国时期之所以会出现礼崩乐坏的现象，就是因为礼乐徒有其表，沦落为形式主义，缺乏内在的情感支撑。因而，孔子提出仁礼合一的思想，把仁作为礼的内在依据。思孟学派的这种理论建构其实就是在孔子仁礼合一的基础上对周文疲敝问题的进一步救治，把内外的一体贯通作为道德行为实现的保证，可以说抓住了问题的症结所在。

思孟学派《五行》篇内外一体贯通的理论建构在《中庸》中得到进一步的系统阐发。子思作《中庸》，把人外在的道德行为归因于内在的心性，并把心性的源头推到天命的层面，为人类的道德行为作了彻底的哲学论证。对于《中庸》首章的用意，孔颖达曰："此节明中庸之德，必修道而行；谓子思欲明中庸，先本于道。"[1] 意思是说，子思的本意是要阐明中庸之德，

---

① （汉）郑玄注，（唐）孔颖达疏：《礼记正义》，北京大学出版社 1999 年版，第 1423 页。

但欲明中庸之德，必须先探求其形而上的依据，因而《中庸》首章从性、道等概念谈起。

天命之谓性，率性之谓道，修道之谓教。道也者，不可须臾离也，可离，非道也。是故君子戒慎乎其所不睹，恐惧乎其所不闻。莫见乎隐，莫显乎微，故君子慎其独也。喜怒哀乐之未发，谓之中；发而皆中节，谓之和。中也者，天下之大本也；和也者，天下之达道也。致中和，天地位焉，万物育焉。

从本体层面讲，《中庸》首章探讨了万物之性的先天来源、潜在内涵及其后天发用。《中庸》曰："天命之谓性。"郑玄注曰："天命，谓天所命生人者也，是谓性命。木神则仁，金神则义，火神则礼，水神则信，土神则知。《孝经说》曰：'性者，生之质命，人所禀受度也。'"① 郑玄引《孝经说》认为，性是"生之质命，人所禀受度也。"质与文相对，"生之质命"指的是生命的根本与实质。《说文》曰："度，法制也。"② 天命之性是人从上天禀受的法度，也就是人之所以为人的本质规定性。至于这个本质规定性的具体内涵，郑玄以汉代流行的"五行—五德"理论来解释，所谓"木神则仁，金神则义，火神则礼，水神

① （汉）郑玄注，（唐）孔颖达疏：《礼记正义》，北京大学出版社 1999 年版，第 1422 页。

② （汉）许慎：《说文解字》，江苏广陵古籍刻印社 1997 年版，第 65 页。

则信，土神则知。"也就是说，人从上天禀受的本质规定性是以仁义礼智信等德性为具体内涵的。与郑玄的论证方式不同，朱熹用气与理的辩证关系来论证人物的产生。朱熹注曰："命，犹令也。性，即理也。天以阴阳五行化生万物，气以成形，而理亦赋焉，犹命令也。于是人物之生，因各得其所赋之理，以为健顺五常之德，所谓性也。"① 天以阴阳五行化生万物，其中气形成的是人物的形体，在人物形体产生的同时，上天也将理赋予人物，这个理就是所谓的天命之性。朱熹曰："性，即理也。"朱熹认为，理是纯然至善的，人之所以能有仁义礼智信等德性，根本原因就在于天赋之理，也就是天命之性。尽管郑、朱两家论证方式不同，但他们都认为人物之性源自天赋，这个天赋之性是人之所以为人的本质规定性，是人类德性的根源。

与《中庸》"天命之谓性"相近，郭店楚简《性自命出》曰："性自命出，命自天降，道始于情，情生于性。"② 陈来指出："如果我们把宋儒对《中庸》的解释放在一边，则'性自命出，命自天降'的意思是说，性出于命，命来自天，故在文字上就可以理解为'天命为性'。其实，如果不按宋儒的解释，仅就'天命之谓性'说，其意义并不能够归结为性善论，而只是说，性是天赋的。"③ 也就是说，单就"天命之谓性"一句来说，子

---

① （宋）朱熹：《四书章句集注》，中华书局1983年版，第17页。
② 李零：《郭店楚简校读记》，中国人民大学出版社2007年版，第136页。
③ 陈来：《郭店楚简之〈性自命出〉篇初探》，《孔子研究》1998年第3期。

思要表达的是人物之性源自天赋。至于天命之性是否是人类德性的根源，有待于下一步的论证，在此子思并未明言。

为了进一步阐明天命之性的内涵，子思说："喜怒哀乐之未发，谓之中。"对于《中庸》首章的"中和"说，不论郑注、孔疏还是朱熹的注解都是从性情修养的角度来阐发的，他们的理解方式对后世影响深远，以至于现代学者大都也从这个角度来阐释。但也有学者独具慧眼，说："《中庸》举'喜怒哀乐'之发与未发说中和，仅是个比喻，因为喜怒哀乐是尽人皆有的经验，说来易懂；并非说和仅仅表现人之喜怒哀乐发而皆中节上。"① 也就是说，"中和"说具有普遍性，并不只是局限在性情修养方面。喜怒哀乐之未发、已发只是子思举的一个例子、打的一个比方，目的并不纯粹是为了说明人之性情修养问题，而是借性情之喻进一步阐发"天命之谓性"的真实内涵。

子思以"中"形容天命之性，小程曰："中也者，所以状性之体段"②，而中则类似于人的情绪诸如喜怒哀乐等未发时的状态。孔颖达曰："言喜怒哀乐缘事而生，未发之时，澹然虚静，心无所虑而当于理，故谓之中。"③ 朱熹曰："喜、怒、哀、

---

① 金景芳、吕绍刚：《论〈中庸〉——兼析朱熹中庸说之谬》，《孔子研究》1994 年第 2 期。

② （宋）程颢、程颐：《二程集》，中华书局 1981 年版，第 606 页。"中"可以作形容词用，形容天命之性不偏不倚的状态。也可以作名词用，指作为本体的中，即天命之性。

③ （汉）郑玄注，（唐）孔颖达疏：《礼记正义》，北京大学出版社 1999 年版，第 1424 页。

乐，情也。其未发，则性也，无所偏倚，故谓之中。"① 首先，中是人的情绪处在一种浑沦、澹然虚静、无所偏倚的未发状态；其次，人的情绪在未发之时虽然呈现出中的状态，但却同时具备缘事而发动的可能性。也就是说，中潜在蕴含着喜怒、哀乐等各种可能，只待后天各种因缘的引发而随时随地表现出来。由这个比喻可以推知：首先，天命之性即处于中的状态，是事物先天未发的存在状态，是整体、大全、本体，潜在蕴含着各种可能性，可以归结为喜怒、哀乐、善恶、美丑、阴阳、刚柔等两端。② 其次，天命之性作为先天之体必然落实为后天之用，天命之性潜在蕴含的喜怒、哀乐、善恶、美丑、阴阳、刚柔等两端只有落实到后天的具体情景中才会显示它的意义。子思认为，天命之性不仅是人类德性的根源，还是万事万物的本体、依据，因而他说："中也者，天下之大本也。"

如果说"天命之谓性"讨论的是人物之性的先天来源及其蕴含的潜在可能性，那么"率性之谓道"说的就是人物之性的后天发用及其必须遵循的客观规律性。不论郑玄还是朱熹，都以天命之性作为人类德性的根源，因而他们在注解"率性之谓道"时都是从道德法则形成的角度来阐发的。郑玄注曰："率，循也。循性行之，是谓道。"孔颖达疏曰："言依循性之所感而

---

① （宋）朱熹：《四书章句集注》，中华书局1983年版，第18页。
② 张载曰："天性，乾坤、阴阳也。二端故有感，本一故能合。天地生万物，所受虽不同，皆无须臾之不感，所谓性即天道也。"张载的话可为本观点作一注脚。参见《张载集》，中华书局1978年版，第63页。

行，不令违越，是之曰道。感仁行仁，感义行义之属，不失其常，合于道理，使得通达，是率性之谓道。"① 朱熹注曰："率，循也。道，犹路也。人物各循其性之自然，则其日用事物之间，莫不各有当行之路，是则所谓道也。"② 天命之性是人类德性的先天依据，在后天的具体情景中，我们只需顺应天命之性的自然发用，其间天然的蕴含着道德法则，比如孔疏"感仁行仁，感义行义"，又如朱注"日用事物之间，莫不各有当行之路"，这个道德法则就是所谓的率性之道。简言之，郑玄、朱熹认为，天命之性作为人类德性的先天依据会在后天的具体情景中自然落实为道德法则。

承接上文对"天命之谓性"的比喻，子思仍然以人的性情为例诠释"率性之谓道"。子思曰："发而皆中节，谓之和。"孔颖达曰："不能寂静而有喜怒哀乐之情，虽复动发，皆中节限，犹如盐梅相得，性行和谐，故云谓之和。"③ 人在没有应接外缘的时候，情绪处于未发之中的状态。一旦应接事物，未发之中潜在的可能性便会随缘而发，展现为或喜、或怒、或哀、或乐等不同的状态，"和"是对已发之后情绪的某种特定状态的形容。按孔颖达的说法，这种状态犹如"盐梅相得"。《尚

（汉）郑玄注，（唐）孔颖达疏：《礼记正义》，北京大学出版社 1999 年版，第 1422—1423 页。

② （宋）朱熹：《四书章句集注》，中华书局 1983 年版，第 17 页。

③ （汉）郑玄注，（唐）孔颖达疏：《礼记正义》，北京大学出版社 1999 年版，第 1424 页。

书·说命下》曰："若作和羹，尔惟盐梅。"孔安国曰："盐，咸。梅，醋。羹须咸醋以和之。"[1] 盐梅相得指的是咸、醋等五味的调和，这是羹之美味的关键。用之于情绪，和指的是已发的情绪以及情绪的程度、表达方式等符合具体情景的要求，与具体情景相和谐。正如孔子评价《关雎》："当乐则乐，乐而不淫；当哀则哀，哀而不伤。"那么，问题是情绪之发何以能达至和谐的状态？原因就在于未发之中潜在蕴含的喜怒、哀乐等两端在具体情景中实现了辩证统一，即孔颖达说的"性行和谐"。性落实为行，性中潜在蕴含的两端在行中实现辩证统一，因而行呈现出和谐的状态。基于"发皆中节"的比喻来理解"率性之谓道"，"率性"即万物循其天命之性而产生、发展、变化，在这个过程中，性中潜在蕴含的喜怒、哀乐、刚柔、阴阳等两端借助具体事物展现出来，两端的辩证统一与和谐共存促使性落实为道，天命之性由万物之先天本体落实为后天路径、原则、规律。正是因为万物的存在遵从相应的路径、原则、规律，所以正如已发之情能够符应具体情景而呈现出和谐的状态，万事万物的存在同样可以呈现出和谐的状态，因而"和"在这里就成为对万物存在状态的形容。子思曰："和也者，天下之达道也。"万物的存在各循其道，因而宇宙万物才能和谐有序，呈现出"万物并育而不相害，道并行而不相悖"的和谐

---

① （汉）孔安国传，（唐）孔颖达疏：《尚书正义》，北京大学出版社 1999年版，第 253 页。

景象。

从方法层面讲，《中庸》首章探讨了作为万物本体的中落实到社会人伦层面上的方法论意义，即用中的方法应对和处理社会人伦层面的修身与治世问题，促成人生、社会乃至于宇宙的整体和谐，这就是所谓的"用中以致和"。其中涉及一个关键问题，即本体意义的中如何落实为方法意义的中?《中庸》曰:"天命之谓性，率性之谓道，修道之谓教。"作为本体的中指的是天命之性，万物循其天命之性而产生、发展、变化，天命之性中潜在蕴含的阴阳、刚柔等两端在具体事物上达成辩证统一，因而就形成了道，即万物存在的路径、原则与规律。人类作为万物的一分子同样循天命之性而存在，不同之处在于人类有理性能力和自我意识，能够自觉地修习、主动地践行道。在人类的实践活动中，通过对道的修习与践行，即按照万物存在的路径、原则与规律看待世界、处理问题，作为方法意义的中自然就产生了。

作为方法意义的中实际上是一种实践智慧，这种实践智慧集中凝结为人类的政教文化，这就是所谓的"修道之谓教"。郑玄注曰:"修，治也。治而广之，人放效之，是曰教。"孔颖达疏曰:"谓人君在上修行此道以教于下，是修道之谓教也。"① 郑玄、孔颖达从人君的角度指出，人君以身作则，通过

---

① （汉）郑玄注，（唐）孔颖达疏:《礼记正义》，北京大学出版社1999年版，第1422—1423页。

对道的修习与践行，发挥表率和典范作用，用自己的亲身行动引领和教育臣民百姓，凸显了人君在教化活动中的模范作用以及人类政教文化的实践品格。朱熹则从圣人的角度阐发"修道之谓教"，他说："修，品节之也。性道虽同，而气禀或异，故不能无过不及之差，圣人因人物之所当行者而品节之，以为法于天下，则谓之教，若礼、乐、刑、政之属是也。"[1] 性是万物的共同本体，道是万物的共同遵循，万物在性与道上是相同的，不同的是每一个具体的人物都有自身的独特气禀，因而具体事物都或多或少存在过与不及的问题。圣人以道为依据品节、评判天下事物，损其太过、益其不及，制定出礼乐刑政等制度规范作为天下之仪法。朱熹的诠释凸显了制度在人类政教文化中的重要意义，而圣人则是制度的创立者，圣人创立制度的依据是他对道的践行与体悟。《中庸》以大舜和孔子为例，分别从人君和圣人的角度阐明方法论意义上的"中"。

"子曰：'舜其大知也与！舜好问而好察迩言，隐恶而扬善，执其两端，用其中于民。其斯以为舜乎！'"（《中庸》）在孔子看来，舜是有大智慧的君主，舜的智慧就是掌握了中的方法并将其用之于治理天下，即孔颖达所说的"舜能行中庸之行"[2]。首先，"舜好问而好察迩言"。舜非常善于观察事物，发现事物中蕴含的矛盾与问题，借助近人之言或浅近之言辨别事

---

① （宋）朱熹：《四书章句集注》，中华书局 1983 年版，第 17 页。

② （汉）郑玄注，（唐）孔颖达疏：《礼记正义》，北京大学出版社 1999 年版，第 1426 页。

物的是非曲直。其次，"隐恶而扬善"。察明了事物中的曲直、是非、长短、善恶之后，舜在矛盾双方相对立的基础上追求二者的辩证统一，即从价值评判的层面隐恶而扬善、黜曲而存直。"执其两端，用其中于民"说的就是舜对中的方法的应用，天命之性潜在蕴含的两端在具体事物上表现出来，呈现为曲直、是非、长短、善恶的对立，舜的智慧就在于他能够执两用中，在两端对立的基础上求取辩证统一，并将这种统一用之于治理天下，这是舜之所以为舜的关键所在。

《中庸》："仲尼祖述尧、舜，宪章文、武，上律天时，下袭水土。"朱熹注曰："祖述者，远宗其道。宪章者，近守其法。律天时者，法其自然之运。袭水土者，因其一定之理。皆兼内外该本末而言也。"[1] 按照郑玄的说法，子思作《中庸》目的在于"昭明圣祖之德"[2]。子思认为，孔子之德有两个渊源：一是历史渊源，即远祖尧舜、近法文武；二是天地渊源，即上因天时、下顺地理。正是历史与天地两个渊源养成了孔子的中庸之德，孔子通过对古代圣王的学习和对天地自然的体察掌握了中的方法，能够在远近、上下、内外、本末等两端的对立中求取辩证统一。在实际教学活动中，孔子对中的方法多有应用。据《论语》记载，孔子说："吾有知乎哉？无知也。有鄙夫问于我，空空如也，我叩其两端而竭焉。"朱熹注曰："两端，犹言两头。言终始、本末、

---

① （宋）朱熹：《四书章句集注》，中华书局 1983 年版，第 37 页。

② （汉）郑玄注，（唐）孔颖达疏：《礼记正义》，北京大学出版社 1999 年版，第 1422 页。

上下、精粗，无所不尽。"①面对学生提出的问题，孔子"空空如也"，即不植入任何的个人偏见，而是理性地分析问题所涉及的矛盾，厘清终始、本末、上下、精粗等矛盾的两个方面，然后在矛盾双方的对立中求其辩证统一。用这种方法教育学生，既可以使学生全面地把握事物之两端，又能让学生从两端中认清事物的本质。因而，中的方法是孔子成为一个好老师的关键。

子思认为，中的方法具有普遍性，我们做任何事情都应该运用中的方法。《中庸》曰："君子之中庸也，君子而时中。"朱熹释"时中"为"随时以处中"②，即随时随地自觉主动地应用中的方法。为了说明时中的重要性，子思继承曾子"慎独"的观念，以人独处时为例深度解析中的应用。曾子最先在《大学》中提出慎独的观念，曾子曰："所谓诚其意者，毋自欺也。如恶恶臭，如好好色，此之谓自谦。故君子必慎其独也。"人闻恶臭则恶之，见好色则好之，这是每一个人的真实感受与正常反应。如同恶恶臭、好好色，诚意就是忠实于自己内心真实的明德，不为了特定的目的而欺骗自己与他人。曾子认为，人在任何时候都应该诚意，慎独即独处之时的诚意。人在独处之时往往容易懈怠，内心真实的明德被私欲和杂念遮蔽，进而做出暗室欺心的事情。曾子提醒我们，在独处之时、缺乏监督的情况下也要诚意，坚守内心的明德，做到表里如一。在曾子

---

① （宋）朱熹：《四书章句集注》，中华书局1983年版，第111页。
② （宋）朱熹：《四书章句集注》，中华书局1983年版，第19页。

慎独思想的基础上，子思曰："道也者，不可须臾离也，可离，非道也。是故君子戒慎乎其所不睹，恐惧乎其所不闻。莫见乎隐，莫显乎微，故君子慎其独也。"子思对曾子慎独思想的发展表现在两个方面：首先，什么是慎独？子思认为，慎独即独处之时的守中。中的方法具有普遍性，不论是面向社会与人共处还是面向自己私下独处都应该坚持用中的方法处理问题，即时中。慎独是以人私下独处时为例，说明用中的重要性。其次，为什么要慎独？子思认为，道是万物存在的路径、原则、规律，具有普遍性，即便是不睹不闻的隐微之处也有道在支配，中的方法作为人对道修习与践行的产物同样具有普遍的意义。人在独处之时，面对自己的内心世界，面对明德与私欲、正念与杂念等两端的矛盾与斗争，君子应该用中的方法求取两端的辩证统一，隐恶扬善、驱邪扶正。

在上述论证的基础上，我们可以重新理解和定位传统学者对"中庸"的两种诠释。程朱把"中庸"理解为"中和为庸常"，郑玄把"中庸"理解为"用中以致和"。这两种理解方式并不矛盾，它们可以在《中庸》首章确立的义理脉络中获得融通：首先，从本体层面讲，中发而为和是宇宙运行的常理。孔子曰："四时行焉，百物生焉。"荀子曰："天行有常。"二程曰："天地之化，虽廓然无穷，然而阴阳之度、日月寒暑昼夜之变，莫不有常，此道之所以为中庸。"[1] 此即程朱所谓的"中和为庸

---

① （宋）程颢、程颐：《二程集》，中华书局 1981 年版，第 149 页。

常"之义。其次，从方法层面讲，本体意义的中在人类对道的修习与践行过程中落实为方法意义的中，立足于生活实践，人类用中的方法寻求和的结果，这就是郑玄所谓的"用中以致和"之义。中庸的两种诠释实际上是一体两面：一从本体、天道的层面立论，一从方法、人道的层面立论，二者共同指向"中和"的境界。《中庸》曰："致中和，天地位焉，万物育焉。"本体层面的"中和为庸常"落实为方法层面的"用中以致和"，"致和"即"致中和"，中和代表了《中庸》的最高境界。在这种境界中，天人宇宙实现终极和谐。

子思在《中庸》中讨论了人类道德行为的心性根据，并将其归结到天命的源头。这种理论建构为孟子"仁义内在，性由心显"的思想奠定了基础，从这个角度讲，思孟学派确实有着内在的理论传承。

 知识链接 ┈┈┈┈┈┈┈┈┈┈┈┈┈┈┈┈┈┈┈

郭店楚墓竹简

1993 年 10 月，湖北省荆门市郭店村楚墓发掘出一批竹简，共 804 枚，其中有字简 730 枚，为竹质墨迹，共计 13000 多个楚国文字。根据整理者的编联划分，楚墓竹简上书写的主要是儒家和道家的著作，共计 16 篇。其中道家著作 3 篇（包括《老子》三组、《太一生水》、《说之道》），儒家著作 13 篇（包括《五行》《缁衣》《鲁穆公问子思》《穷达以时》《唐虞之道》《忠信之道》《性自命出》《成之闻之》《六德》《尊德义》《父与恶》

《物由望生》《名数》)。当然，这只是一种比较粗略的划分，至于每篇作品的具体思想内涵和学派归属问题，学界存在很多讨论。大概来说，郭店楚墓竹简是在战国早中期制作或传抄的儒道两家作品。其中《老子》三组在总体上与通行本《老子》的思想差别不大，但在某些观念上有特别的地方，在一定程度上更加真实地反映了原始儒道两家的关系。《太一生水》很可能是南方楚国道家的作品，它以"太一"作为宇宙的本体与化生母根，在中国哲学与思想史上具有重大意义。除道家之外，儒家作品主要讨论了心性论的内容，在心性论的系统中，心性上通天命、天道，外接人伦、人道，与先秦儒家天道、性命相贯通的核心思想一致。郭店楚墓竹简的这些讨论可以帮助我们厘清孔子与孟子之间百余年的儒学发展真实情况，就儒家心性论的发展逻辑来说，孔子提出"性相近，习相远"的观点，孟子提出性善论的主张，《性自命出》所讨论的心性论内容正好可以衔接孔子与孟子之间失落的心性论环节。郭店楚墓竹简中的相关人性论内容，为《中庸》以及孟子的人性论思想作了充分的思想铺垫，具有重大的思想史意义。

（二）仁义内在的义理建构

孟子的政治理想是推行仁政，而推行仁政的依据是君主的仁心，因而孟子从人的内在心性入手游说诸侯王，同时建立了自己仁义内在的思想学说。

据《孟子》，孟子见梁惠王，梁惠王说："叟！不远千里而来，亦将有以利吾国乎？"孟子回答说："王！何必曰利？亦有仁义而已矣。"（《孟子·梁惠王上》）孟子所处的时代是列国相互征伐的时代，诸侯国以富国强兵为第一要务。"当是之时，秦用商君，富国强兵；楚、魏用吴起，战胜弱敌；齐威王、宣王用孙子、田忌之徒，而诸侯东面朝齐。天下方务于合纵连横，以攻伐为贤……"（《史记·孟子荀卿列传》）但孟子认为，人人求利是国家祸乱的根源，他警告说："上下交征利而国危矣。"（《孟子·梁惠王上》）为了从根本上解决问题，孟子提倡仁义，主张施行仁政。孟子说："人皆有不忍人之心。先王有不忍人之心，斯有不忍人之政矣。以不忍人之心，行不忍人之政，治天下可运之掌上。"（《孟子·公孙丑上》）不忍人之心即不能忍受他人受苦受痛之心，也就是所谓的同情心、怜悯心。孟子认为，每个人都有同情、怜悯之心，先王将这种内在的同情、怜悯之心用于治理天下就有了仁政这种施政方略。孟子认为，以仁心行仁政治理天下易如反掌，与商鞅、吴起、孙子、田忌等人的富国强兵之策相比更能从根本上解决问题。

孟子以仁心行仁政的理论关键点在于"人皆有不忍人之心"，如何论证这一点？

所以谓人皆有不忍人之心者，今人乍见孺子将入于井，皆有怵惕恻隐之心。非所以内交于孺子之父母也，非所以要誉于乡党朋友也，非恶其声而然也。由是观之，无恻隐之心，非人也；无羞恶之心，非人也；无辞让之心，非人也；无是非之心，非人也。恻隐之心，仁之端也；羞恶之心，义之端也；辞让之心，礼之端也；是非之心，智之端也。人之有是四端也，犹其有四体也。有是四端而自谓不能者，自贼者也；谓其君不能者，贼其君者也。凡有四端于我者，知皆扩而充之矣，若火之始然，泉之始达。苟能充之，足以保四海；苟不充之，不足以事父母。（《孟子·公孙丑上》）

孟子并没有诉诸抽象的理论说教，而是在具体情境中从人的真实生命情感体验出发论证这个问题。孟子举例说，假如我们突然看到小孩子将要掉入井中，每个人都会有惊惧、同情之心，都想马上跑过去把那个孩子救下来。之所以会这么做，并不是为了结交孩子的父母，也不是为了获取见义勇为的好名声，更不是因为讨厌孩子的哭声，这些都是外在因素，真正促成救人行为的是我们内心的不忍人之心，由此孟子得出结论"人皆有不忍人之心"。更进一步，孟子把不忍人之心定义为人之所以为人的本质规定性，"无恻隐之心，非人也；无羞恶之心，非人也；无辞让之心，非人也；无是非之心，非人也。"这种看似独断的论调却是基于人的真实生命情感体验得出来的，因而能够引发人们的情感共鸣，具有一定的说服力。孟子认为，人内在拥有恻隐、羞恶、辞让、是非等四心，而四心则是仁、义、礼、智四种德性的发端。孟子要求我们以四端为基础和始点，将其扩而充之落实于日常生活，于是就有了仁、义、礼、智等道德行为。这样就把仁义道德根植于人的内心，同时也就把仁政奠基在人的内在心性上。

孟子基于仁义内在的性善论观点，在当时就遭到很多学者的反对，其中最著名的是告子。公都子曾就人性善恶问题向孟子发问，公都子曰："告子曰：'性无善无不善也。'或曰：'性可以为善，可以为不善；是故文武兴，则民好善；幽厉兴，则民好暴。'或曰：'有性善，有性不善；是故以尧为君而有象；以瞽瞍为父而有舜；以纣为兄之子，且以为君，而有微子启、王子比干。'今曰'性善'，然则彼皆非与?"（《孟子·告子上》）据公都子的话可知，关于人性善恶问题，在当时有几种流行的观点：一是告子的性无善无不善，二是性可以为善可以为不善，三是有性善有性不善，四是孟子的性善。告子认为，人天生的本能就是性，比如饮食男女之类，因其为天所赋予，所以无所谓善恶。告子举例说，性如同急流的水，冲开东面就往东流，冲开西面就往西流，至于西流还是东流完全是偶然的，取决于外在条件，水本身无所谓西流东流。同样道理，人性所表现出来的善恶完全是由外在环境决定的，人性本身无所谓善恶。孟子认为，如同西流东流并不是水最根本的性一样，告子所说的性并不是人最根本的性，水的本性是向下流的，人的本性则是善的。

告子同样不赞成孟子仁义内在的观点，告子主张仁内义外。告子说："吾弟则爱之，秦人之弟则不爱也，是以我为悦者也，故谓之内。长楚人之长，亦长吾之长，是以长为悦者也，故谓之外也。"（《孟子·告子上》）告子认为，仁义内外问题的关键在于评价的立场。仁为爱，我爱我之弟，不爱秦人之弟，爱的立场在我自身，因而仁是内在于我的。义为敬，我敬我之长，同样敬楚人之长，因为二者都是长者，所以我都尊敬他们，这样一来敬的立场取决于外在的人，因而义是外在于我的。对此孟子并没有直接反驳，而是重新申述了自己的观点。

乃若其情，则可以为善矣，乃所谓善也。若夫为不善，非才之罪也。恻隐之心，人皆有之；羞恶之心，人皆有之；恭敬之心，人皆有之；是非之心，人皆有之。恻隐之心，仁也；羞恶之心，义也；恭敬之心，礼也；是非之心，智也。仁义礼智，非由外铄我也，我固有之也，弗思耳矣。故曰："求则得之，舍则失之。"或相倍蓰而无算者，不能尽其才者也。《诗》曰："天生烝民，有物有则。民之秉彝，好是懿德。"孔子曰："为此诗者，其知道乎！故有物必有则，民之秉彝也，故好是懿德。"（《孟子·告子上》）

孟子认为，就人天生的性情材质来讲是可以为善的，之所以为不善，不是材质的问题。人天生都有恻隐、羞恶、恭敬、是非等四心，四心是仁义礼智四德的根基，因而仁义礼智不是外在于人的，是人本身内在具有的。人之所以为不善，是因为对自己内在具有的四心、四德没有意识，没有尽力地发挥自己先天具有的善的材质。孟子引用《诗经》和孔子的话证实自己的观点，《诗经》说有物必有则，这个则源自天赋，这个则在人身上体现为四心、四德等善的材质。人要做的就是秉持天赋之则，在现实生活中践行仁义礼智的德行。

 知识链接

君子远庖厨

孟子主张，一个君子应该远离厨房，原因在于"君子之于禽兽也，见其生，不忍见其死；闻其声，不忍食其肉。"(《孟子·梁惠王上》）意思是说，君子有强烈的不忍人之心，即不忍他人受苦受难之心。君子的这种不忍人之心可以进一步推及禽兽，因而君子不忍心看到禽兽被杀，同时也不忍心吃禽兽的肉，所以孟子主张君子应该远离厨房。孟子的这种看似迂腐自欺的观点实际上是为了唤醒齐宣王的恻隐之心。据《孟子·梁惠王上》记载，有一次孟子见到齐宣王，齐宣王问孟子：怎样做才能称霸天下？孟子回答说：保护好老百姓，让老百姓吃饱穿暖、安居乐业就能够称霸天下。齐宣王接着问：您看像我这样的君主能做到吗？孟子说：能。齐宣王说：您怎么知道我能做到？孟子说：我听说有一次大王您坐在朝堂上，看到有个人牵了头牛从门外经过，您就问这个人牵牛干什么去，他说要杀了这头牛，用牛血涂抹新铸造的铜钟。您就命令他说：这头牛吓得浑身打哆嗦，太可怜了，还是别杀了。从这件事就可以看出齐宣王您能够称霸天下，因为您有恻隐之心，有仁爱之心。您连一头牛都不忍心伤害，自然也就不忍心伤害老百姓。孟子说："人皆有不忍人之心。先王有不忍人之心，斯有不忍人之政矣。以不忍人之心，行不忍人之政，治天下可运之掌上。"（《孟子·公孙丑上》）统治者基于这样一种恻隐之心、仁爱之心治理天下，自然能够做到爱护老百姓，为老百姓谋福利，因而也就会得到老百姓的拥护。

（三）存心养性的事天思想

孟子思想的始点在于"人皆有不忍人之心"，由此展开为恻隐、羞恶、辞让、是非等四心，进而以四心作为仁义礼智四德的根基，最终得出性善论，由性善论再推演下去就涉及天人关系问题了。

> 尽其心者，知其性也。知其性，则知天矣。存其心，养其性，所以事天也。夭寿不贰，修身以俟之，所以立命也。（《孟子·尽心上》）

尽其心的意思是竭尽本心善良的材质，即在日常生活实践中尽力发挥本心良善的作用，由此就能知道人的本性是善良的，这也就是所谓的"性由心显"。现实生活中之所以会存在恶行，是因为我们没有顺应本心善良的材质而是戕害了本心。孟子比喻说，牛山曾经草木繁茂，但是因为它在临淄城旁边，每天都有人上山伐木，每天都有牛羊上山吃草，日积月累之下，牛山就变得光秃秃的了。后来人看到牛山光秃秃的，就认为牛山本来就不能生长植物，孟子指出这显然是不了解牛山的本性。同样道理，人的本心也具备善良的材质，我们在日常生活中不断地戕害本心，即孟子说的"放其心"，就像不停地上山伐木一样，善良的本心也就被戕害殆尽。对此，孟子提出"存夜气"的修养方法。夜气指的是夜晚息养之气，孟子认为，人在白天的各种私欲谋求会戕害其本心，但是到了晚上的时候，人谋求的心将息下来，这个时候人会反思自己，本心也就容易得以恢复。我们应该在夜晚息养之时存养本心、养护本性，以求恢复其天赋的善良本质。孟子认为，如此存养心性就是我们对上天的侍奉。赵岐注曰："能存其心，养育其正性，可谓仁人。天道好生，仁人亦好生。天道无亲，惟仁是与。行与天合，故曰所以事天也。"[①] 赵岐指出，存心养性是人的行为与天的统合，统合的点就是仁，即人之仁与天之仁的合一。

实际上，孟子的天人合一思想是对绝地天通以来天人关系的继承与发展。如前文所述，绝地天通奠定了中国天人关系问题的基本格局，即天与人是相分的，天人各司其职。同时，天

---

① （汉）赵岐注，（宋）孙奭疏：《孟子注疏》，北京大学出版社 1999 年版，第 351 页。

与人又是密切相关的，天为人提供价值规定，助人为善；人遵循和践行天所提供的价值规定，以德配天，通过对自己负责的方式对天负责，辅助天道的有序运转，与天合一。孟子对这种天人关系基本格局的继承表现在四个方面：

首先，孟子认为人的本心、善性是上天所赋予的，是人类先天就具备的。除了上述从不忍人之心到恻隐、羞恶、辞让、是非等四心的论证之外，孟子还有很多这方面的论述。比如孟子曰："人之所不学而能者，其良能也；所不虑而知者，其良知也。孩提之童无不知爱其亲者，及其长也，无不知敬其兄也。亲亲，仁也；敬长，义也；无他，达之天下也。"（《孟子·尽心上》）爱敬、仁义是人天生就有的，无需经过后天的学习与思虑，并且爱敬与仁义具有普遍性，是天下所有人都具备的。

其次，孟子认为人有义务存养、护佑天赋的本心本性，因为这是人之为人的本质规定性。孟子经常讨论人禽之辨的问题，他说："人之所以异于禽兽者几希，庶民去之，君子存之。舜明于庶物，察于人伦，由仁义行，非行仁义也。"（《孟子·离娄下》）人与禽兽的差别非常小，普通人会摒弃这种差别，而君子则会保存、养护这种差别。那么，这种差别是什么呢？就是人有天赋的本心善性，能够做出仁义等道德行为，而禽兽则没有。孟子认为，君子的典范、普通人的榜样是大舜，大舜明察人与动物的差别，主动地存养本心善性，积极地践行仁义，而不是像普通人那样被强迫践行仁义。

再次，孟子认为只有存心养性才能以德配天，这就是以对自己负责的方式实现对上天负责，即孟子所谓的"事天"。孟子区分了天爵与人爵，他说："有天爵者，有人爵者。仁义忠信，乐善不倦，此天爵也；公卿大夫，此人爵也。古之人修其天爵，而人爵从之。今之人修其天爵，以要人爵；既得人爵，而弃其天爵，则惑之甚者也，终亦必亡而已矣。"（《孟子·告子上》）天爵是天赋的本心本性与仁义忠信，人爵是公卿大夫等人间爵位。孟子认为，人对自己负责是指乐善不倦，践行仁义忠信等天爵，在此基础上获得公卿大夫等人间爵位，而不是以天爵为手段来获取人爵。普通人之所以会抛弃天爵而选择人爵就是因为他对天人之际缺乏反思，受物欲的牵引而舍大就小。孟子曰："耳目之官不思，而蔽于物。物交物，则引之而已矣。心之官则思，思则得之，不思则不得也。此天之所与我者。先立乎其大者，则其小者不能夺也。"（《孟子·告子上》）耳目之官不具备反思能力，因而容易被物欲牵引而遮蔽本心本性，弃天爵而选择人爵。心之官则不同，因其具有反思能力，所以可以通过反思而祛除物欲的遮蔽，排除耳目之官的阻碍，重新确立本心本性的主导地位，即"先立乎其大者"。只有先立乎其大，确立本心本性的主导地位，才能建立天人之间的有效连接，真正实现与天合一。

最后，孟子认为人侍奉上天的最高境界是与万物合一。孟子曰："万物皆备于我矣。反身而诚，乐莫大焉。强恕而行，求仁莫近焉。"（《孟子·尽心上》）对于孟子的"万物皆备于我"，汉宋学者有不同的解释。汉儒赵岐曰："谓人为成人以往，皆备知天下万物，常有所行矣。"意思是说，一个具备良好教养的成年人对天下万物有完备、正确的认识，并且在实践中能够运用和践行这些认识。显然，赵岐是从认识论的角度来理解孟子的万物皆备于我，我们认为赵岐的理解是偏颇的，原因很简单，孟子并非在讨论认识问题，而是在说心性乃至天人关系问题。相对来说，宋儒朱熹的解释更为贴近孟子的本意，朱熹曰："此言理之本然也，大则君臣父子、小则事物细微，无一不具于性分之内也。"① 意思是说，万物之理，包括人伦乃至于物理，都蕴含在人的本心本性之内。通过心之官的反思作用，会发现确实如此，由此内心就会升起一种无以言状的快乐与充实，原因就在于这个理是上天所赋予的，因而人也就不再孤立，而是获得天的襄助。孟子认为，我们以此为依据，勉力的推己以及人，"老吾老以及人之老，幼吾幼以及人之幼"，由此就能够做到仁。践行仁的过程就是人对自己负责的行为方式，也是对天的侍奉方式，是天人合一的表现。

孟子对绝地天通以来所奠定的天人关系基本格局的发展表现在：他将以人事天的天人关系运用到治国理政之中，游说人君行仁政以侍奉上天。如所周知，孟子关于本心本性的理论建构最终指向的是其仁政思想。从普通人的角度出发，学习运用孟子的学说可以修身养性；从人君的角度出发，学习运用孟子的学说则可以治国平天下。孟子对比了王道与霸道的区别：

①　金良年：《孟子译注》，上海古籍出版社 2004 年版，第 272 页。

霸者之民，驩虞如也，王者之民，皞皞如也。杀之而不怨，利之而不庸，民日迁善而不知为之者。夫君子所过者化，所存者神，上下与天地同流，岂曰小补之哉！(《孟子·尽心上》)

霸道追求富国强兵，以暴力与利益为尚，其百姓欢喜快乐；王道追求和谐太平，以仁义和礼教为尚，其百姓怡然自得。推行王道的国家，上至人君下至百姓都坚守本心、践行仁义。假如人君杀了百姓，百姓也不会怨恨；假如人君利益百姓，百姓也不会感恩。原因就在于百姓在人君的仁义教化之下都摒弃了个人的私利而日益向善。人君以身作则教化百姓，所到之处百姓望风而化，举国上下乃至于天地万物形成一种和谐太平的整体氛围，这就是仁政的魅力所在。

知识链接

人禽之辨

人禽之辨是中国哲学史上的一个重要论题，其所关涉的主要问题是人与动物的区别。先秦时期，较早关注人禽之辨的思想家是晏子，他在《晏子春秋》中明确指出："凡人之所以贵于禽兽者，以有礼也。"晏子认为，人与动物的区别在于是否遵循礼。礼是人类社会必备的规范，人必须在礼的规范下行动，任何越礼的行为都是对人之为人的否定。孔子对人禽之辨的问题也有论述，他说："鸟兽不可与同群，吾非斯人之徒与而谁与?"（《论语·微子》）孔子的意思是说，人与动物不同，人具有社会性，必须积极投入社会生活，从事社会事务，而不能像道家的隐者那样消极避世与鸟兽同群。孟子是先秦时期第一个明确提出和系统论证人禽之辨问题的思想家，在孟子看来，人与动物的区别非常小，即人具有仁义礼智等德性。孟子以此作为其人性论思想的出发点，进而阐发性善论和修养功夫，奠定了儒家道德哲学的基础，对后世儒学尤其是宋明理学有着重大的影响。

五、顺天应时——邹子的天人合一智慧

邹衍是阴阳家的代表人物，他以《尚书·禹贡》的"九州"说为基点，经过由小及大、由近及远的无限推衍，建构出一种名为"大九州"的宏大世界观。为了探究世界运行的原理，邹衍把传统的阴阳说与五行说相结合，以五行的相生与相胜解释世界（天）与人类社会历史（人）的运行规律。在阴阳五行的理论框架下，邹衍以东西南北四方对应春夏秋冬四时，用八卦九宫之数来排列成九州，把时间与空间相结合，形成一个时空一体的宇宙模型。邹衍认为，人类作为宇宙的有机组成部分必须顺应四时、四方的时空框架，进而提出"顺天应时"的天人合一思想。

（一）天地九州的大宇宙观

据《史记·孟子荀卿列传》："邹衍之术迂大而闳辩"，因而齐人送给他一个"谈天衍"的美誉。刘向在《别录》中说："邹衍之所言，五德终始，天地广大，尽言天事，故曰'谈天'。"[①]之所以被誉为谈天衍，是因为邹衍的理论主要涉及对于天的构想，表现在两个方面：一是天地宇宙的构成，即大九州说；二是天地宇宙的运行原理，即阴阳五行说，把阴阳五行说应用于人类政治社会实践即是五德终始说。邹衍理论的特色是闳大、迂阔、巧辩，在当时人看来有点虚无缥缈、不着边际，因而以"谈天"誉之。

邹衍的大九州说是以《尚书·禹贡》的九州说为基础的。人类对世界最初的认识大都是基于经验和想象，《尚书·禹贡》中关于"九州"的行政地理区划就是大禹治水经验的总结，是大禹理想中的政治区划。据《史记·夏本纪》，尧帝时洪水滔天，百姓流离失所，于是尧帝寻找能治水之人，群臣四岳推荐鲧。鲧采用堵截法治水，九年而治水不成，洪水依然泛滥。于是舜帝罢黜鲧而任用鲧的儿子大禹，大禹继承父亲的遗志继续治水，但采用了不同于父亲的疏导的治水方法。大禹在外治水十三年，足迹遍天下。"陆行乘车，水行乘船，泥行乘橇，山

---

① （汉）司马迁：《史记》（第 7 册），中华书局 1963 年版，第 2348 页。

行乘橇。左准绳，右规矩，载四时，以开九州，通九道，陂九泽，度九山……禹乃行相地宜所有以贡，及山川之便利。"(《史记·夏本纪》)在治水的过程中，大禹亲自丈量了山川与河流，因而对于各地的地形地势了如指掌。《尚书·禹贡》曰："禹敷土，随山刊木，奠高山大川。"意思是说，大禹开通了九条山路，疏导了九条河流，以山川和河流为边界将天下划分为九州。"从行政区划上看，《禹贡》九州，以夏文化中心区冀州为中心，依次为兖、青、徐、扬、荆、豫、梁、雍九州。东至大海，西至甘、陕，南至湘、鄂，北至辽东半岛。"①

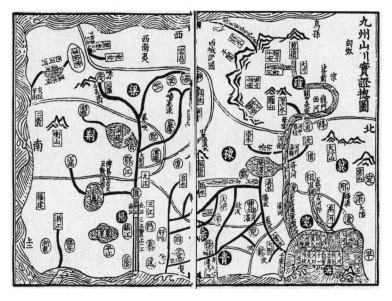

▍《禹贡》九州山川实证总图（引自宋代程大昌《禹贡山川地理图》）

---

① 李民、王健：《尚书译注》，上海古籍出版社 2004 年版，第 54 页。

大禹划定九州之事，在《山海经》中也有记载。《山海经·海内经》曰："洪水滔天，鲧窃帝之息壤以堙洪水，不待帝命，帝令祝融杀鲧于羽郊。鲧复生禹，帝乃命禹卒布土以定九州。"《山海经》的记载与《史记·夏本纪》的记载大体相同，问题是《山海经》本身对"九州"也有自己的认识。《山海经》记载的九州范围和名称与《禹贡》所载的九州略有不同，在《山海经》中九州分别是瀛洲、蓬莱、交州、东海、海外南山、象郡、雍州、九州、荆州等，涉及的地理范围南至广东南海和越南南部，西至柴达木盆地和帕米尔高原，北至贝加尔湖和白令海，东至朝鲜海，东南至台湾岛，比《禹贡》的九州所述的地理范围更加广阔。《山海经》对九州的划分方式和《禹贡》中的有所不同，但是这个划分方式在后来的历史和文化中也有着重要的地位。

不论是《尚书·禹贡》还是《山海经》对九州的划分都是以现代意义上的中国为中心和主体的，在邹衍看来，这种观点未免狭隘短浅。据《史记·孟子荀卿列传》，邹衍为学的思想方法是"其语闳大不经，必先验小物，推而大之，至于无垠"，意思是先从小处着眼，运用推类的思想方法，由小及大以至于无穷无尽。比如历史上的治乱兴衰问题，邹衍先从当下（战国时期）说起，上推到黄帝时期，总结其中治乱兴衰的历史规律以及制度变迁等，然后推而广之，以至于天地未生之前、深远渺茫之时。又如山川物态等自然世界问题，邹衍先从中国的名山大川说起，涉及飞禽走兽、草木虫鱼、气候水土等种种细节，然后推而广之，以至于常人从未经历过的遥远海外的山川物种。在地理区划的问题上，邹衍同样采用了这种推类的方法，他以《禹贡》所定的九州为基点推而广之，以至于无穷无尽。

> 以为儒者所谓中国者，于天下乃八十一分居其一耳。中国名曰赤县神州，赤县神州内自有九州，禹之序九州是也，不得为州数。中国外如赤县神州者九，乃所谓九州也。于是有裨海环之，人民禽兽莫能相通者，如一区中者，乃为一州。如此者九，乃有大瀛海环其外，天地之际焉。（《史记·孟子荀卿列传》）

儒家以大禹为圣王，位列尧、舜之后，因而《禹贡》所定的九州自然也被儒者奉为圭臬。并且儒家自孔子开始就秉持一种"天下"理念，孔子曰："君子之于天下也，无适也，无莫也，义之与比。"（《论语·里仁》）意思是说，君子在治理天下之时没有固定的要求，一切以是否符合道义为准绳。这里所谓的"天下"是一个模糊的概念，泛指周天子所拥有的行政区域。究极言之，大禹所定的九州范围即是儒者所谓天下。但在邹衍看来，儒者所谓的中国并不能涵盖天下，而仅仅是整个天下的八十一分之一。邹衍指出，九州有大小之分。儒家所谓九州是小九州，小九州构成一个大九州。中国作为大九州之一名为赤县神州，像赤县神州这样的州天下还有八个，加上赤县神州共九个，是为大九州。邹衍认为，大九州之间是广阔无垠的海洋，州与州之间相距甚远，肉眼看不到，人民禽兽不能相通，所以普通人以为其他的州不存在，其实是很狭隘的。邹衍认为，整个天下由大海包围陆地，范围无边无际，我们不能局限于自己的经验认知而对世界缺乏想象。

遗憾的是邹衍的作品大都亡佚，关于大九州，邹衍只是说中国是赤县神州，其他八个州的名字并没有提及。清代史学家马骕编写的《绎史》中提到了大九州的名字，分别为神州、迎州、戎州、合州、冀州、柱州、玄州、咸州、扬州。《绎史·黄帝纪》曰："自神农以上有大九州，柱州、迎州、神州等。黄帝以来，德不及远，惟于神州之内分为九州，黄帝受命，风后受图，割地布九州，置十二国。"意思是说，神农帝之前，也就是三皇时期(燧人、伏羲、神农）人们对大九州是有认识的。但是到了黄帝之后，也就是五帝时期(黄帝、颛顼、帝喾、尧、舜）由于帝王的德性辐射的范围变小，因而治理的范围也就变小，仅把大九州之一的赤县神州作为治理对象，其他八个大州则顾及不到。显然，马骕秉持的是一种退化的历史观，认为历史时期越是古老，帝王的德性越高、能力越强，治理的范围越广。随着历史的演进，帝王的德性、能力逐步退化，因而治理的范围也就缩减到儒家所谓的小九州。

邹衍的大九州说是一种天才的设想，他并不局限于人的经验，而是基于经验认识不断推衍，从而建构了一种宏大的世界观。从当前世界地理的角度讲，邹衍的大九州说有很大的合理性，他在两千年前就预见到世界范围的广大，以及海陆组合的结构。大九州说提供了一种新型宏大世界观，反映了齐文化的创新、开放、包容、积极进取等特点。

 知识链接 ⋯⋯⋯⋯⋯⋯⋯⋯⋯⋯⋯⋯⋯⋯⋯⋯⋯⋯⋯⋯⋯⋯

邹衍论"白马非马"

"白马非马"是先秦时期名家学派的代表人物公孙龙提出的一个论题，大意是说，马的概念指称的是一种动物之形，而白的概念指称的是一种颜色，颜色显然不等于物形，因而白马不等于马。从逻辑的角度讲，公孙龙的观点是有道理的。因为马与白马是两个概念，二者的内涵与外延不同，因而单纯从逻辑概念的角度讲，二者之间不能画等号。但这种逻辑上的合理性运用到现实生活中就变成了诡辩，据刘向《别录》记载，有一次公孙龙骑白马过函谷关，关卡守卫说：人可以通行，马不能过关。于是，公孙龙就把他的"白马非马"论讲了一遍，强行说服守卫，顺利骑马过关。公孙龙凭借他的"白马非马"论闻名天下，一直没有人能把他驳倒。有一次，邹衍作为齐国的使臣出访，路过赵国，赵国平原君拿公孙龙的"白马非马"论问邹衍。邹衍回答说：公孙龙这样的辩论不是真正的辩论，而是诡辩，因而是不对的。真正的辩论，目的是把事情说清楚，使人不迷惑，因而在辩论中不管胜败都有所得，这样的辩论是值得进行的。公孙龙花言巧语，偷换概念，故弄玄虚，让人晕头转向，不知所云，对于认识事物、处理事情没有任何好处，这样的诡辩不值得提倡。听了邹衍的论说之后，在座的人都表示赞许。邹衍并没有陷入公孙龙的逻辑陷阱之中，而是从辩论的目的和方式的角度进行评论，直击公孙龙的要害，反映了邹衍的辩论智慧。

（二）阴阳五行的运行原理

邹衍是阴阳家的代表人物，阴阳家以阴阳五行之理解释宇宙万物的形成、发展与变化。《汉书·艺文志》对阴阳家有一个简单的描述与评价，班固曰："阴阳家者流，盖出于羲和之官。敬顺昊天，历象日月星辰，敬授民时，此其所长也。及拘者为之，则牵于禁忌，泥于小数，舍人事而任鬼神。"意思是说，阴阳家源自于古代的羲和之官。那么，何谓羲和之官？据《山海经》记载，羲和是太阳的母亲，她生了十个太阳，每天驱赶着太阳东升西落，掌管着时间变化的节奏，所以后来就演化成制定历法的人。因而，羲和之官即是古代掌管天文历法的官员。春秋战国时期，学术下移，关于天文历法的知识和技术散落在民间，于是就形成了阴阳家，邹衍是其代表人物。《史记》说邹衍"深观阴阳消息而作怪迂之变"，完全符合天文历法的行业特征。在班固看来，阴阳家的学说有利有弊：其长处是敬畏天地鬼神，顺应四时变化规律，根据天象星辰的变化安排政治社会生活；其弊端也很明显，即禁忌太多，畏首畏尾，忽视了人为的努力而更加重视鬼神的意志。在我们看来，班固的评价是比较中肯的。邹衍作为阴阳家的代表人物，他以阴阳五行之理描述整个世界运行的规律。尽管后世都是阴阳五行并称，实际上，在邹衍之前阴阳与五行各有发展脉络，是邹衍把二者结合在一起并把它作为一个学派的核心思想的。

阴阳这对观念最初源自于先民简单的生活经验，凡是太阳能照到的地方就是向阳，太阳照不到的地方就是背阴。

> 水北为阳，山南为阳。（《穀梁传·僖公二十八年》）
>
> 阴，暗也；水之南，山之北也。（许慎《说文解字》）
>
> 山南曰阳，山北曰阴；水北曰阳，水南曰阴。（李吉甫《元和郡县志》）

因为我们国家在北半球，山脉河流大都是东西走向，山水相间，两山之间必夹一水，两水之间必夹一山，所以就形成了山南为阳、山北为阴的观念。我们有很多带阴字或者带阳字的地名，体现的就是它的地理方位。比如，华阴就在华山北边，衡阳就在衡山南边，江阴就在长江南边，淮阴就在淮水南边，汉阳就在汉水北边，洛阳就在洛水北边，济阳就在济水北边，平阴就在黄河南边，等等。

由这种朴素的生活经验出发，向阳与背阴的观念逐渐的抽象成描述万事万物属性的一对概念。凡是积极的、动态的、尊贵的、外向的、高大的、热情的等具有舒展、生发、张扬特性的事物都属于阳；凡是消极的、安静的、卑微的、内向的、矮小的、冷漠的等具有收敛、顺从、低调特性的事物都属于阴。

《老子》曰："万物负阴而抱阳，冲气以为和。"这句话讲的就是阴阳之道的普遍性，任何一个具体事物都是以负阴而抱阳的状态存在的。比如，人们建房子通常坐北朝南，北边是阴，南边是阳，坐北朝南就是负阴而抱阳。再比如，每一个人都有前胸、有后背，前边能看到就是阳，后边看不到就是阴，所以人的身体也是负阴而抱阳，等等。负阴而抱阳是万事万物的存在状态，概莫能外。"冲气以为和"，就是说万事万物负阴抱阳，达成一种和谐的存在状态，阴阳和谐是我们宇宙的存在状态。

《周易·系辞上》曰："一阴一阳之谓道。"这句话讲的是阴与阳之间高度辩证的关系：一方面，从静态的角度讲，一阴一阳就是一个阴一个阳，也就是说阴阳是相互对立的；另一方面，从动态的角度讲，一阴一阳就是阴了阳、阳了阴，也就是说阴阳是相互转化的。为了说明阴阳之道，孔子在《周易》中说："通乎昼夜之道而知。"在孔子看来，昼夜之道是阴阳之道最直观的体现。昼就代表阳，夜就代表阴，昼夜之间的关系是高度辩证的：一方面，从静态的角度讲，白天是白天，黑夜是黑夜，黑白分明，二者的关系是相互对立的；另一方面，从动态的角度讲，昼短则夜长，夜短则昼长，白天过了就是黑夜，黑夜过了就是白天，也就是说昼夜是相互转化的。所谓昼夜之道就体现在白天与黑夜的这种对立统一之中，孔子认为，明白了昼夜之道就能明白阴阳之道，明白了阴阳之道就能明白万事万物之道，这是一种最大的智慧。

阴阳之道具有普遍性，阴阳之间的关系是对立统一的，正是阴阳之间的这种对立统一关系推动了万事万物的发展与变化。按照《说文解字》的说法，《周易》的"易"字有两种写法：一是写作蜥蜴的蜴，蜥蜴又叫守宫，它非常善于伪装自己，可以根据环境的变化而改变自己的形状和颜色，这里凸显的是随时变化的意思。《周易》认为，事物之所以能变化，就是因为事物背后有阴阳的对立统一在推动。二是"日月为易"，就是说白天与黑夜的交替变化是由太阳和月亮的交替变化引起的，而太阳和月亮的交替变化显然象征的就是阴与阳的对立统一。总而言之，《周易》认为，阴阳这对矛盾的对立统一是推动万事万物发展变化的根本动力。

关于五行，因为邹衍的著作大都亡佚，我们仅就《汉书》的相关记载略窥其中端倪。《汉书·艺文志》提到这样几个概念：一是五行，二是五常，三是五事，四是五星，五是五德，在古人看来，这些概念都是相互对应的，共同构成一个复杂的理论体系。所谓五行，实际上是早期人类通过观察自然、总结经验所得出的五种物质特性，最初并没有哲学与数术的含义。

五行：一曰水，二曰火，三曰木，四曰金，五曰土。水曰润下，火曰炎上，木曰曲直，金曰从革，土爰稼穑。

润下作咸，炎上作苦，曲直作酸，从革作辛，稼穑作甘。
（《尚书·洪范》）

按照《尚书》的观点，水的特性是湿润并且往下渗透；火的特性是灼热并且往上窜动；木的特性是有的弯曲，有的笔直；金的特性是柔韧性比较强，并且具有可熔性，可以根据人的需要改变形状；土的特性是可以种植庄稼。进而，《尚书》把五行与五味联系在一起，认为水产生咸味，火产生苦味，木产生酸味，金产生辛味，土产生甜味。这实际上是早期人类生活经验的总结，春秋战国时期才进一步抽象、提炼出哲学概念。

《汉书·艺文志》认为，五行是"五常之形气"。所谓五常，就是仁、义、礼、智、信五种德性。古人认为，人是由金、木、水、火、土这五种元素所构成的，所以才有了仁、义、礼、智、信五种德性。每个人天生的气质都不一样，也就是五行的构成比例不同。有的人天生金气比较重，金的特性是从革，也就是可以根据别人的需要改变自己的形状，这种人比较讲义气，为了朋友两肋插刀，这是由金所产生的义；有的人天生木气比较重，草木植物都是在春天发芽，代表的是生命力，这种人比较有爱心，这就是由木所产生的仁德；有的人天生水气比较重，水的特性是柔弱往下流，从来不与其他事物争强，老子说："水善利万物而不争"，这是一种智慧的表现，是由水所产生的智慧；有的人天生火气比较重，火能够给人温暖，给人光明，进一步可以引申为讲规矩、讲文明、有礼貌，这就是由火所产生的礼；有的人天生土气比较重，土能够种植庄稼，有一分耕耘就有一分收获，有付出就有回报，所以土气重的人都比较讲信用，这就是土所产生的信。总之，人是由金木水火土五行构成的，因而就产生了仁义礼智信五种德性。

《汉书·艺文志》还认为，我们在"进用五事"的时候要顺应五行。所谓五事，就是人的五种行为，分别是：貌，也就是人的仪容、体态；言，也就是说话；视，也就是看、观察；听，也就是听别人讲话；思，也就是思考、思虑。《尚书》认为，人的这五种行为都必须有一定的规范和要求，比如人的仪容、体态必须恭敬有礼；人在说话的时候不能胡言乱语，而必须合乎道理，合乎实际；人在观察的时候要透过现象看本质，要看的明白，看出门道；人在听别人讲话的时候要聪敏，要听出言外之意、弦外之音；人还要善于思考，睿智通达。如果人能够做到以上要求的话，那么这个人就是一个受人尊敬、有能力、有智慧、有谋略、对于任何事物都通达了解的人，这可以说是一种理想的人格了。

《尚书·洪范》："五事：一曰貌，二曰言，三曰视，四曰听，五曰思。貌曰恭，言曰从，视曰明，听曰聪，思曰睿。恭作肃，从作义，明作哲，聪作谋，睿作圣。"意思是说，我们的貌、言、视、听、思五种行为要顺应五行：仪容体态要顺应火的特性，做到讲礼貌、守规矩；说话的时候要顺应土的特性，做到讲信用、有诚信；观察的时候要顺应金的特性，做到明辨是非；听别人讲话的时候要顺应水的特性，做到智慧通达；思考的时候要顺应木的特性，做到仁民爱物。

《汉书·艺文志》认为，如果我们的五种行为违背五行特性的话，就会导致"五行之序乱，五星之变作"，就是说金、木、水、火、土五行相生相克的秩序会出现混乱，五行相生的顺序是金生水、水生木、木生火、火生土、土生金；五行相克的顺序是金克木、木克土、土克水、水克火、火克金。古人认为，五行相生相克的顺序是整个宇宙运行的内部机理，只有这个顺序不乱，宇宙万物才能正常的产生、发展、变化。这个顺序一乱，宇宙万物也就乱了，就会出现灾异，这个灾异就表现为天上五星运行轨迹的异常。所谓五星，就是古人观测到的天上的五颗行星，分别是辰星、太白、荧惑、岁星、镇星。辰星就是现在的水星，太白就是现在的金星，荧惑就是现在的火星，岁星就是现在的木星，镇星就是现在的土星。总之，人的行为失正会导致五行顺序错乱，进而会导致天上的五星运行出现问题，这里体现的是天人感应的道理。

《汉书·艺文志》认为，五行理论源自于战国时期邹衍的五德终始说。所谓五德，就是五行之德，这种理论认为，每一个朝代都有自己的五行属性，朝代之间按照五行相克的顺序轮替，比如舜的朝代五行属土，夏禹取代舜，所以夏朝五行属木，木能克土；商朝取代夏朝，所以商朝五行属金，金能克木；周朝取代商朝，所以周朝五行属火，火能克金；秦朝取代周朝，所以秦朝五行属水，水能克火；汉朝取代秦朝，所以汉朝五行属土，土能克水。这种理论认为，历朝历代都是按照这个顺序循环往复的，所以可以根据这个理论来预测一个朝代的灭亡和另一个朝代的兴起。每一个朝代的君主，为了顺应这种天命，表明自己接受这

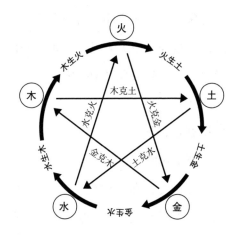

| 五行生克示意图

种属性，就要做一些与自己朝代的五行属性相应的事情，比如"改正朔，易服色"，改正朔即颁布新的历法，以体现新政权对天命的接纳，易服色就是说衣服的颜色要与朝代的五行属性相应，比如秦朝五行属水，所以秦朝的衣服崇尚黑色，汉朝五行属土，所以汉朝的服饰崇尚黄色等等。总之，中国古代的五行理论非常复杂庞大，古人认为可以推及天地间的万事万物，作用不仅仅是占卜、预测。

邹衍把阴阳与五行相结合，结合的方式就是把五行作为阴阳的延伸，并称为阴阳五行之理。在邹衍看来，五行亦分阴阳：甲乙同属木，但甲为阳木、乙为阴木；丙丁同属火，但丙为阳火、丁为阴火；戊己同属土，但戊为阳土、己为阴土；庚辛同属金，但庚为阳金、辛为阴金；壬癸同属水，但壬为阳水、癸为阴水。这样就把阴阳理念贯彻到天干所代表的五行之中，用阴阳五行之理解释万事万物的构成及运动变化规律也就

更为深刻和灵活。邹衍的阴阳五行思想对后代哲学、医学、历法、建筑等领域影响很大。尤其是在汉代被董仲舒的新儒学所吸收，融入到汉代经学之中。

 知识链接 ⋯⋯⋯⋯⋯⋯⋯⋯⋯⋯⋯⋯⋯⋯⋯⋯⋯⋯⋯⋯⋯⋯⋯⋯⋯⋯⋯⋯⋯⋯⋯

邹子吹律

邹衍是阴阳家的代表人物，《史记》说邹衍"深观阴阳消息而作怪迂之变"，意思是说，他不仅对阴阳消长之道深有体察，而且能引申发挥做出各种奇怪的应用。其中，刘向《别录》就记载了邹衍吹律的故事。邹衍旅居燕国，燕国有一处山谷，土地肥沃但是常年气候寒冷，因而山谷中不生五谷。于是，邹衍到山谷中考察，深入体察山谷中的阴阳消长形势，通过吹奏律管引发、助长山谷中的阳气，促使山谷回暖。一段时间后，神奇的事情发生了，一向因寒冷不生五谷的山谷竟然生长出黍稷来。因而，后人将这个山谷命名为黍谷，以此纪念邹衍。邹衍吹律的故事未必是历史事实，同时这套阴阳消长的理论也未必符合今天的科学道理，但它反映了中国古人对宇宙万物的认识。

（三）顺天应时的天人学说

邹衍的学说尽管闳大不经，但其理论旨归仍然是现实政治社会的治理。这一点司马迁看得比较准确、深刻，他说："邹衍睹有国者益淫侈，不能尚德，若《大雅》整之于身，施及黎庶矣。乃深观阴阳消息而作怪迂之变，《终始》《大圣》之篇十余万言……然要其归，必止乎仁义节俭，君臣上下六亲之施，始也滥耳。"（《史记·孟子荀卿列传》）对于当时的政治社会现实，邹衍有着深切的体会，他亲眼目睹了统治者的荒淫奢侈以及给百姓带来的灾难和痛苦。在邹衍的理想中，统治者应该崇尚仁德，像《大雅》描述的那样修养身心，再将恩惠推及到黎民百姓。为了对治统治者的弊病，邹衍深入观察阴阳五行的盛衰之理，创作了深奥怪异的学术理论，以此来教导统治者。总的来说，邹衍的理论旨趣在于倡导仁爱、道义、克制、俭朴等道德规范，并主张将这些道德规范推行于君臣上下和父子兄弟之间，后世的很多学说都是滥觞于邹衍的理论。也就是说，邹衍的学说以阴阳五行为理论形式，而其现实诉求却是为了解决政治社会治理问题。为了实现政治社会治理，邹衍提出了顺天应时的指导原则，体现了天人合一的思想理念。对于邹衍顺天应时的施政原则，司马迁的父亲司马谈在《论六家要旨》中有着经典的评述。

> 尝窃观阴阳之术，大祥而众忌讳，使人拘而多所畏；然其序四时之大顺，不可失也……夫阴阳、四时、八位、十二度、二十四节，各有教令。顺之者昌，逆之者不死则亡，未必然也，故曰"使人拘而多畏"。夫春生夏长，秋

收冬藏，此天道之大经也，弗顺则无以为天下纲纪，故曰
"四时之大顺，不可失也"。(《史记·论六家要旨》)

司马谈从正反两个方面对邹衍所代表的阴阳家的思想做
出辩证的评价：从消极方面来说，阴阳家重视祥瑞与灾异的征
兆，因而在具体的政治社会生活中设定了很多禁忌，这样就限
制了人的行为，让人在实践中畏首畏尾；从积极方面来说，阴
阳家揭示了四时变化的规律，为安排政治社会生活找到了根本
依据。重要的是，司马谈不仅正确评价了阴阳家的思想，而且
还指明了阴阳家的理论逻辑：阴阳家认为宇宙的运行是有规律
的，这种规律表现为阴阳、四时、八位、十二度、二十四节等
的周期性变化，认识其中的变化规律，并顺应这种规律来安排
政治社会生活中的一切事务，以此确立天下之纲纪。如此一
来，天下将由当下的大乱归于大治。这就是邹衍顺天应时的施
政原则。

邹衍顺天应时的施政原则具体表现在其四时教令思想中。
白奚指出，四时教令思想在稷下黄老之学的《黄帝四经》中已
经初具雏形，其主要内容包括敬授民时和阴阳刑德两个方面，
但其中并没有五行思想。[①] 邹衍把五行思想纳入四时教令，按
照五行相生的顺序编排四时，并制定相应的政治举措。由于邹
衍的著作大都亡佚，我们已经无法窥见其四时教令思想的全

---

① 白奚：《邹衍四时教令思想考索》，《文史哲》2001 年第 6 期。

貌，只能从史料的只言片语中探寻其遗迹。《史记·封禅书》裴骃《集解》引用三国时期史学家如淳的话，如淳曰："今其书有《主运》，五行相次转用事，随方面为服。"意思是说，邹衍有一篇著作名为《主运》，主即君主，运即五行之运，本篇的内容是要求君主按照五行相生的运转顺序安排政治措施，主要表现在两个方面：一是依据木火土金水五行相生的顺序以及春生、夏长、秋收、冬藏的原则安排一年之中的政教举措和禁令；二是依据五行四时的变化安排君主的饮食、居所以及衣服的颜色等。一公一私两方面的举措相结合，就是所谓的"四时教令"。从内容上看，四时教令要求君主在国家政治举措和个人生活细节等方方面面符合天道的变化规律，是邹衍天人合一思想的集中体现。

下面参考《吕氏春秋》之《十二纪》的相关材料具体分析邹衍顺天应时的天人合一思想。①《十二纪》提出治理天下的最高原则是法天地，《仲春纪·情欲》："人之与天地也同，万物之形虽异，其情一体也，故古之治身与天下者，必法天地也。"人与天地相同，"同于不能两也"②。天地之寒暖、雨旱各有其时，不能同时存在，"秋早寒则冬必暖矣，春多雨则夏必旱矣"。而天地之所以能长久，是因为它会在四季的寒暖雨旱

<hr />

① 白奚指出："邹衍的四时教令思想虽已随《主运》的亡佚而不彰，但据其前的《管子》和其后的《吕氏春秋》的有关思想仍可推知。"参见白奚：《邹衍四时教令思想考索》，《文史哲》2001 年第 6 期。

② 许维遹：《吕氏春秋集释》（上册），中华书局 2009 年版，第 45 页。

之中寻求一个平衡。同样，人之寿夭、国之治乱也是各有其故，不会同时发生，人类若想追求生命的长生久视与国家的长治久安，就必须效法天地的平衡之道，这个平衡之道就体现在四时、十二月的节令变化之中。因而，吕不韦及其门客集《夏小正》《周月》《时令》等文献而形成《十二纪·纪首》，按照时令的变化安排人事与政事，以此表达对于天地的效法。

关于《十二纪·纪首》，学界公认的观点是"它通过宇宙、自然来相互对应地论证人事，安排一种成龙配套的从自然到社会的完整系统，把人事、政治具体地纳入这个总的宇宙图式里。"[①] 这种观点无疑是精辟的，但问题在于天地四时的变化有一个动态平衡，人类的养生与治国都需要效法这个动态平衡，那么，天地四时变化之动态平衡的具体表现是什么？人类又该如何效法才能达成长生久视与长治久安的目的？这就需要我们仔细分疏《十二纪·纪首》原文。

《十二纪·纪首》以四季、十二月的时间变化为纲领，时间变化的自然标志主要是太阳、星宿的位置以及在这个时间段内出现的物候。时间本身是无始无终的，但是古人通过长期的观察与总结，发现在无始无终的时间流变中某些自然标志的出现是呈规律性的，因而古人便借以分割与记录时间。正是因为太阳、星宿、物候等时间标志的变化呈现出一定的规律性，所

---

① 李泽厚：《中国古代思想史论》，生活·读书·新知三联书店 2009 年版，第 141 页。

以古人便认为这其中有一种动态的平衡，万事万物无不为其所左右。人类作为万物的一种，自然也受到这种时间变化与动态平衡的影响。人类在生存繁衍的过程中，与其说效法天地不如说是适应了时间变化的节奏，并根据这种变化安排一切人事活动。这种安排自然是以天子为中心展开的，与《吕氏春秋》所追求的王者之治正相呼应。安排的内容包括宜与忌两类，所谓宜，即是适宜去做的或者说应该去做的事情，这些事情都是顺应四时变化规律的；所谓忌，与宜相反，即是不应当去做的或者不适宜去做的事情，这些事情都是违背四时变化规律破坏动态平衡的。安排的内容非常细致，包括天子的居所、车驾、旗帜、服饰、饮食等等。其中值得注意的是天子率领三公、九卿、诸侯、大夫在"四立日"的"迎四季"活动，即"立春之日，迎春于东郊""立夏之日，迎夏于南郊""立秋之日，迎秋于西郊""立冬之日，迎冬于北郊"。迎四季首先表达的是人与天之间的互动，并且是人主动地去与天互动，其中的寓意是把天地变化的动态平衡引入人间，通过带有浓厚巫术色彩的仪式为人类社会秩序的建立找到直接的超越依据。从追求王者之治的角度讲，重要的不是迎四季的仪式本身，而是仪式结束之后的一系列政事安排。

以迎春于东郊。还，乃赏公卿、诸侯、大夫于朝。命相布德和令，行庆施惠，下及兆民。庆赐遂行，无有不当。乃命太史，守典奉法，司天日月星辰之行，宿离不

忎，无失经纪。以初为常。(《孟春》)

以迎夏于南郊。还，乃行赏，封侯、庆赐，无不欣说。乃命乐师习合礼乐。命太尉赞杰俊，遂贤良，举长大；行爵出禄。必当其位。(《孟夏》)

以迎秋于西郊。还，乃赏军率武人于朝。天子乃命将帅，选士厉兵，简练桀俊，专任有功，以征不义，诘诛暴慢，以明好恶，巡彼远方。(《孟秋》)

以迎冬于北郊。还，乃赏死事，恤孤寡。(《孟冬》)

迎四季的活动结束后，首先安排的是赏赐臣下，赏赐的意义有两点：一是表示成功，即顺利的把天地的秩序迎接到人间，建立天与人之间的联系；二是凝聚人心，进而顺利地推动后续的事宜。后续的安排也颇有特点，春行仁政，夏选贤良，秋练兵士，冬抚孤寡，所有的安排无不与四时的特性一一相应。当然，除了迎四季及其相应的政事安排之外，还有很多琐碎的人事活动，不再一一细说。

以迎四季为代表的一系列安排都属于顺应四时变动的适宜行为，除此之外还有很多禁忌，禁忌之所以为禁忌，是因为它破坏了天地四时变化的动态平衡。譬如春季伐木、杀害雌性动物以及幼禽幼兽、竭川泽、焚山林等，夏季大田猎、害五谷、兴土功、妨农事等，秋季骄盈、封侯、立大官、行重币等，冬季作为淫巧、侵削众庶等，所有这些行为都是与四季的特性相违背的。如果天子不顾四时变化的规律而一意孤行，施行不当的政令，将会导致灾异的发生，灾异是天地四时失衡的反映。譬如："孟春行夏令，则风雨不时，草木早槁，国乃有恐；行秋令，则民大疫，疾风暴雨数至，藜莠蓬蒿并兴；行冬令，则水潦为败，霜雪大挚，首种不入。"（《孟春》）孟春如此，其他十一月同样如此。这种对天地四时动态平衡的破坏最终将导致百姓受害、国家动乱，《吕氏春秋》以此强化法天地原则的强制性与权威性，约束人类尤其是天子的行为。《十二纪·纪首》通过一系列适宜的安排与禁忌的警示无非是要说明一个道理："凡举事无逆天数，必顺其时，乃因其类。"（《仲秋》）顺应天数与天时就是顺应天地四时变化的动态平衡，进而求取人类社会秩序的动态平衡，这就是《吕氏春秋》所谓的法天地。

综上所述，邹衍为了对治当时的政治社会弊病，深刻考察阴阳消长之理，把阴阳与五行相结合，用阴阳五行揭示宇宙运行的规律。在大九州的宏大世界观的视野下，邹衍以五行的生克关系推演历史的治乱兴衰与现实的政治社会治理：一方面，邹衍基于五行相胜的原理提出五德终始说，总结了朝代更迭的变化规律；另一方面，邹衍基于五行相生的原理，把五行分布于四时，按照四时的变化制定相应的施政举措，即四时教令思想。总之，邹衍借助阴阳五行揭示天道的变化规律，认为人类社会应该顺应天道的变化，体现了深刻的天人合一智慧。

"岁终逐疫"之礼

阴阳家的思想融入了中国古人生活的方方面面，其中一例就是古人的"岁终逐疫"之礼。所谓"岁终逐疫"，是指在岁末举行盛大的祭祀仪式，以傩舞的形式驱逐疫鬼，消除瘟疫。古人认为瘟疫是由疫鬼引发的，所以每当年终事毕之后，人们就举行祭祀仪式驱逐疫鬼，同时借以辞旧迎新、迎春纳福。"岁终逐疫"的习俗究竟是从何时形成的，难以确切考证。据《周礼·夏官》记载，早在三代之时官方已有专职官员负责驱逐瘟疫的任务。据《礼记·月令》记载，三代驱疫之礼一年之中举行三次，分别在季春之月、仲秋之月和季冬之月，其中以季冬之月的驱疫之礼最为隆重，因为古人认为冬礼为大。现存最早的关于"岁终逐疫"仪式的详细记载见于《后汉书》中，据《后汉书·礼仪志》，汉朝宫廷中的"岁终逐疫"仪式主要由三类人员组成：一是一百二十名中黄门童子，年龄在十岁至十二岁之间，皆头戴红巾，身着黑衣，手持拨浪鼓；二是由一人扮演方相氏，头戴金黄色四目面具，手蒙熊皮，黑衣红裤，手持戈盾；三是由十二人扮演十二神兽，身披毛，头顶角。整个仪式主要包括三个环节：唱和→傩舞→驱疫。驱疫的仪式结束之后，天子会将仪式中使用的桃梗、苇戟等物赐给公卿大夫等，表示去疫赐福之意。拨开"岁终逐疫"之礼表面的浓郁巫术色彩，可以发现其中蕴含着古人扶阳抑阴、五行调和的防疫治疫理念。传说方相氏身材魁梧、刚强勇猛，因而他代表的是阳气，而由夭折的男童变化的疫鬼则代表的是阴气。季冬腊月之时，阴盛阳衰，所以古人举行大傩之礼，以方相氏率领十二神兽驱逐疫鬼的形式表达扶阳抑阴之意。"岁终逐疫"之礼给我们的启示是，人类在与自然交往的过程中要约束自己的行为，敬畏自然，学会与自然和谐相处，共建阴阳调和、寒暑适时的和谐宇宙。

六、制天用天——荀子的天人合一智慧

儒家思想发展到荀子，在天人关系问题上有一个突破，即荀子斩断了天人之间的神秘主义关联。自绝地天通以来，尽管孔孟都强调人应该以对自己负责的方式实现对天负责，强调人的德性修养，但孔孟所理解的天总是夹杂着主宰之天的宗教神学含义。荀子则以理性主义的眼光看待天人关系，他所理解的天是自然之天，认为自然界的发展变化遵循自身规律，人类社会的治乱兴衰取决于人自身的治理情况而与天无关。在这种理解的基础上，荀子进一步主张人应该充分地认识自然，在顺应自然之道的前提下利用自然为人类服务。荀子的这种对自然的认识和利用，实现了人与天地相参，是儒家另一种形态的天人合一。

（一）先秦儒家思想的分化

韩非子曾推举儒、墨两家为春秋战国时期的显学，其中儒家以孔子为代表，创立了"仁礼合一"的思想学说。孔子之后，儒分为八，分别是"有子张之儒，有子思之儒，有颜氏之儒，有孟氏之儒，有漆雕氏之儒，有仲良氏之儒，有孙氏之儒，有乐正氏之儒。"（《韩非子·显学》）尽管儒学八家在当时各有门人弟子，非常兴盛，但从中国思想史的角度来说，能够流传后世并对中国思想产生重大影响的只有两家，即子思之儒与孟氏之儒合称的思孟学派以及孙氏之儒的荀子学派。从孔子到孟子、荀子，儒家思想在先秦经历了一个分化和深入发展的过程。

学界早有一种观点认为，孔子的思想主张是"仁礼合一"，作为孔子的后继者，孟子继承了孔子关于仁的学说，而荀子则继承了孔子关于礼的学说。这一观点看似清晰明确，却在无形之中割裂了作为一个有机整体的儒家仁礼合一思想。如所周知，孔子为了对治礼崩乐坏的现实状况，主张从人的生命情感体验出发去践行礼乐。在孔子看来，仁是礼乐的内在情感依据，礼乐是仁的外在表现形式。这样一来，仁与礼、内与外、内容与形式等就是一个有机的整体。孟子、荀子作为孔子的后继者，他们对孔子思想的发展并不是切割式的从仁与礼中各取一块，而是以仁礼合一为思想资源有机的、逻辑的延展出自己的思想体系。

孟子的思想体系是以"人皆有不忍人之心"为起点，推出每个人都有恻隐、羞恶、辞让、是非等四心，进而以四心作为仁、义、礼、智四德的依据，然后得出性善的结论。在此基础上，孟子以君主为游说对象，倡议君主"老吾老以及人之老，幼吾幼以及人之幼"，通过这种外推的方式实现仁政。从孟子的思想体系来看，并非如上述观点所说，孟子单纯发展了孔子仁的学说，而是在孔子仁礼合一思想的基础上，深入探讨了仁与礼的内在根基问题。孟子认为，仁作为一种德性源自于人内在的恻隐之心，礼则源自于内在的辞让之心。显然，这是把孔子由人的生命情感体验入手讨论仁礼关系问题进一步系统化了，把仁义礼智信等都落实到人的心性层面，成为人之所以为人的本质规定。

针对孟子的心性论，荀子提出了不同意见。《荀子》中有《性恶》篇，专门就孟子的性善论提出批评。孟子认为，人的本心是善良的开端，并基于此讨论性善。荀子则认为，人性天生就是恶的，天生的恶性恰恰是礼乐教化救治的对象，正是为了对治人性之恶圣人才发明了礼乐。

> 人之性恶，其善者伪也。今人之性，生而有好利焉，顺是，故争夺生而辞让亡焉；生而有疾恶焉，顺是，故残贼生而忠信亡焉；生而有耳目之欲，有好声色焉，顺是，故淫乱生而礼义文理亡焉。然则从人之性，顺人之情，必

出于争夺，合于犯分乱理而归于暴。故必将有师法之化，礼义之道，然后出于辞让，合于文理，而归于治。(《荀子·性恶》)

荀子认为，孟子之所以错是因为他不明白性与伪的分别。荀子区分了性与伪，他说："凡性者，天之就也，不可学，不可事。礼义者，圣人之所生也，人之所学而能，所事而成者也。不可学，不可事，而在人者，谓之性；可学而能，可事而成之在人者，谓之伪。是性伪之分也。"(《荀子·性恶》)荀子所说的性指的是人天生的本能与情欲，比如"目可以见，耳可以听"，又如"饥而欲饱，寒而欲暖，劳而欲休"，再如"目好色，耳好听，口好味，心好利，骨体肤理好愉佚"等。这一点荀子与告子的观点相似，告子曰："生之谓性"，又曰："食色性也"。

荀子雕像

荀子认为，人的本性源自天赋，天然如此，不是后天学习得来的，也不能更改。荀子所说的伪指的是后天人为的事情，比如礼义等是圣人通过学习积累而发明创造出来的，普通人通过学习就能掌握，通过努力就能实现。

荀子认为，人天生的本能与情欲无所谓善恶，但是假如放纵本能与情欲就会造成恶的结果，从这个角度说，荀子认为人性是恶的。针对人性之恶，荀子提供的解决方案是"师法之化""礼义之道"，即用礼义教化约束和规范人的本能与情欲，让人的行为符合道德规范。荀子认为，这正是先王发明礼义的原因。

> 礼起于何也？曰：人生而有欲，欲而不得，则不能无求。求而无度量分界，则不能不争。争则乱，乱则穷。先王恶其乱也，故制礼义以分之，以养人之欲，给人之求。使欲必不穷于物，物必不屈于欲。两者相持而长，是礼之所起也。（《荀子·礼论》）

从社会治理的角度讲，人之本能和情欲的毫无节制必然会引发社会的混乱，因而先王发明了礼义来约束和节制人的欲望，以此达成社会治理的目的。可见，荀子并非单纯发展了孔子关于礼的学说，而是基于人性问题探讨礼乐文化的起源，并由此走向社会治理问题。

通过对比孟子、荀子的思想，可以发现二者的异同之处。

首先，二者思想的共同点在于，他们都是从人的心性出发讨论仁义礼乐问题，并最终指向政治社会治理。孟子、荀子都没有突破孔子所奠定的仁礼合一的思想框架，而是对这一框架作了不同向度的理解与诠释。其次，二者思想的不同点在于，他们对其共同的理论起点（即心性）的理解是不一样的。孟子是由心蕴含善端来论证性善，即我们所说的性由心显，仁义礼智等都是基于心之善端的外推与实践。荀子则以人天生的本能与情欲为性，这种性无所谓善恶，但是任由其发展则会造成恶的结果，从这个角度说性是恶的，仁义礼智等是圣人发明出来对治人性之恶的。因而，孟子强调自内而外的推演与实践，荀子则强调自外而内的规范与约束。在天人关系的问题上，孟子、荀子的理解也是不一样的，孟子从德性的角度出发论证天人合一，而荀子则基于人的学习能力以及主观能动性的发挥强调人对天的利用与改造。从某种意义上说，这也是人以对自己负责的方式实现对天负责，但显然不同于孟子的理解。

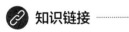 **知识链接**

性日生日成

不同于孟子的性善论和荀子的性恶论，明末清初的儒家学者王夫之提出"性日生日成"的命题。王夫之认为，人的本性并非固定不变的，而是具有可塑性和发展的可能性。日生日成之性，指的是"声色臭味以厚其生"的自然属性和"仁义礼智以正其德"的道德属性，"日生"强调的是人的自然属性和道德属性是在日常生活中逐渐显现出来的,"日成"则表明这些属性需要通过持续的修养和实践才能真正形成和完善。总之,在王夫之看来,人性的两个方面不是一生下来就一成不变的,而是日生日成、不断变化的。既然人性是日生日成的,那么人性就可以在外界的影响下由好变坏或者由坏变好,所以君子要不断奋发图强、积极进取、时时警惕,选择好的环境、坚持好的习惯,以养成善性。在习惯与人性的关系中,王夫之认为,人性伴随着习惯的形成而形成。只有持续不断的努力,才能成就人性,放纵只能让人沦为禽兽。正是在好学、力行、知耻等自觉的道德修养活动中,通过习行才可以充分发挥人的自然禀赋,实现人的道德理想。

(二)天人相分的思想建构

先秦儒家对天人关系问题的理解经历了一个发展过程。孔孟虽然倡导人文理性,主张从德性层面理解天人关系,但在其思想中,天人之间仍然笼罩着一层薄薄的神秘主义色彩,遗留着原始宗教神学的痕迹。比如,孔子在倡言"天何言哉,四时行焉,百物生焉"的同时,仍然敬畏地说"获罪于天,无所祷也"。又如,孟子一方面引用《尚书》"天视自我民视,天听自我民听"的话说明即民意见天心,同时又愤慨地说"夫天未欲平治天下也,如欲平治天下,当今之世,舍我其谁也?"也就是说，在孔孟那里天人之间仍然存在着一种神秘主义的关联，而荀子则以理性之剑将这种神秘主义的关联彻底斩断。

首先，荀子认为天的运行有其自身的法则，即"天行有常"，这种法则不会因为人的意志而发生转移。荀子曰："天行有常，不为尧存，不为桀亡。"天不会因为尧是圣君就正常运转，也不会因为桀是暴君就运转失常。对于天地自然的运行，荀子有一个形象的描述。

> 列星随旋，日月递照，四时代御，阴阳大化，风雨博施，万物各得其和以生，各得其养以成，不见其事，而见其功，夫是之谓神。皆知其所以成，莫知其无形，夫是之谓天功。唯圣人为不求知天。（《荀子·天论》）

日月运行，四时交替，万物化生，看似神奇的宇宙万物，背后并没有看不见的神明在操控，这是一个自然而然的过程，其间有自身的机制与规律。普通人看到天地万物的神奇，以为其背后有神明的意志，只有圣人不以为意，把它当成自然的演化过程，从这个意义上说，圣人不求知天，即不去探求万物背后的神明意志。

其次，人类社会的治乱兴衰是由人自身的因素决定的，与灾异和祥瑞并无关联，灾异、祥瑞也不过是天地之间的自然现象。荀子指出，吉凶由人，运用治道治理天下则吉，运用乱道祸乱天下则凶，治乱吉凶完全是由人的因素造成的，跟天道运行没有关系。

> 强本而节用，则天不能贫；养备而动时，则天不能
> 病；修道而不贰，则天不能祸。故水旱不能使之饥，寒暑
> 不能使之疾，祆怪不能使之凶。本荒而用侈，则天不能使
> 之富；养略而动罕，则天不能使之全；倍道而妄行，则天
> 不能使之吉。故水旱未至而饥，寒暑未薄而疾，祆怪未至
> 而凶。（《荀子·天论》）

荀子的意思很明白，假如人能尽人事，致力于政治社会治
理，那么天也不会使社会动乱；相反，假如人腐化堕落，不断制
造危害政治社会的因素，那么天也不会使社会治理。针对当时
人对天的迷信与误解，荀子专门作了批评。比如星坠、木鸣等
怪异现象，当时人认为是上天对人的警示，是政治动乱的征兆。
对此，荀子指出这不过是"天地之变，阴阳之化"，是一种罕见
的自然现象。因其罕见，所以可以觉得怪异，但没必要害怕。

> 夫日月之有蚀，风雨之不时，怪星之党见，是无世而
> 不常有之。上明而政平，则是虽并世起，无伤也；上闇而
> 政险，则是虽无一至者，无益也。（《荀子·天论》）

任何时代，无论尧舜的太平盛世，还是桀纣的动乱时期，
都会有日食、月食、星坠、木鸣等怪异现象。假如君主圣明，

施政平和，那么即便天天发生这些怪异现象也不会影响政治社会治理；相反，假如君主昏庸，胡乱施政，那么即便从没有发生这些怪异现象，对政治社会的治理也没有什么好处。原因很简单，吉凶由人不由天。

最后，天人相分，各司其职，天与人是一种相互配合的关系。荀子认为，天有其职能和功用。天的职能是"不为而成，不求而得"，即没有刻意的造作与有形的作为，完全是阴阳大化自然而然的过程。天的功用是"皆知其所以成，莫知其无形"，即所有人都知道万物之生化是天的功用，但没有人知道天的功用是无形无象的自然过程，不是有形有象的人格神。万物是天职与天功造就的，人也一样。"形具而神生"，是说人先有了形体，然后有了精神。天造就了人的好恶喜怒哀乐之情，因而人情名为天情。天造就了人的耳目鼻口形等器官，每个器官各有其功能而不能相互替代，名之为天官。各个器官的统领与主宰者是心，心为五官之主，名为天君。天生万物以养人，名为天养。万物各有其类，每一类事物都有自身的法则，顺应物类的法则就能得福，悖逆物类的法则就会取祸，这是天道，名之为天政。

天的职能和功用是造就人与万物，人的任务在于充分地利用和发挥天所赋予的能力，"清其天君，正其天官，备其天养，顺其天政，养其天情，以全其天功"，而不是去与天争职。那么，什么是不与天争职？荀子曰："虽深，其人不加虑焉；虽大，不加能焉；虽精，不加察焉，夫是之谓不与天争职。"意思是说，虽然天道深远、广大、精微，但那是天的事情，是天道自然如此。作为人应该有自知之明，知道自己该做什么不该做什么，不必去追究天道本身的问题，而是要考虑天所赋予人的能力与责任，做好人自身的事情，不用"替天行道"。荀子曰："天有其时，地有其财，人有其治，夫是之谓能参。舍其所以参，而愿其所参，则惑矣。"人可以运用天赋的能力"治天时、地财而用之"①，这是人与天地相互配合的方式。但往往人类喜欢舍弃自己的本职工作，而去探求虚无缥缈的天意，荀子认为这是人类愚蠢的表现。

更进一步，荀子从政治社会治理的角度指明人君的职责。荀子认为，天地万物各有其所长，各有其特色，天以日月为光明，地以水火为特色，万物以珠玉为珍宝，人以礼义为特长。缺少了礼义国将不国，人也不成其为人。荀子认为，作为人君"隆礼尊贤而王，重法爱民而霸，好利多诈而危，权谋倾覆幽险而亡。"隆礼尊贤、重法爱民是人君的本职工作，做好本职工作才能称王称霸，好利多诈、权谋倾覆只会导致灭亡。

总之，从荀子的天人观可以看出，天与人之间毫无神秘主义的关联，而是闪耀着理性的光辉。在荀子那里，天指的是天地万物，其生化是一个自然的过程。天创造了人，赋予了人身体、精神和能力，人的职责是充分发挥其天赋的能力，以此与天地万物相配合。荀子批判了对天的神秘主义理解，主张吉凶

---

① （清）王先谦：《荀子集解》，中华书局 1988 年版，第 308 页。

由人，把政治社会的治理完全归结到人的身上，高扬了人的理性与能力。

 知识链接 ··

荀子驳斥相术

荀子思想中处处闪耀着理性主义的光辉，《荀子·非相》记载了他对相术的驳斥。荀子指出，根据人的相貌、骨骼、气色等判断吉凶祸福的相术往往为世俗所称道，但君子从来不齿这种行为。荀子指出："相形不如论心，论心不如择术。"意思是说，观察一个人的相貌不如考察他的思想，考察他的思想不如鉴别他立身处世的方法。因为相貌不如思想重要，思想不如立身处世的方法重要。如果一个人思想正确，同时立身处世又坚守正道，那么即便他相貌丑陋、形体短小也不妨碍他成为君子，不妨碍他获得吉祥。相反，如果一个人思想偏狭，同时立身处世又不循正道，那么即便他相貌俊美、形体伟岸也不能掩盖他的小人之态，不能阻止他罹患灾难。所以高矮、大小、美丑等形体相貌上的特点，并不是吉凶的标志。荀子还以历史人物为例证明自己的观点，他说楚国大夫叶公子高瘦弱矮小，走路的时候好像撑不起来自己的衣服。但是楚平王之孙白公胜作乱的时候，楚国令尹子西、司马子期都死在白公胜手中。而叶公子高却领兵入楚，杀掉白公胜，安定楚国。尽管叶公子高瘦弱矮小，但他的仁义功名被后人赞美。所以，对于君子来说，不用观察他的个子高矮、相貌美丑、身体轻重，而是去观察他的志向，高矮、大小、美丑等形体相貌不能用来评判人性善恶和吉凶祸福。荀子对相术的驳斥，反映了中国传统中可贵的理性主义传统，是荀子天人相分思想的体现。

（三）制天用天的天人学说

荀子对人类理性与能力的高扬，集中体现在"制天命而用之"的命题中。荀子指出，与其尊崇思慕上天，不如蓄养万物而为我所用；与其歌颂崇拜上天，不如制裁万物而为我所用；与其等待天时，不如顺应春生夏长秋收冬藏的节律而因时寄政；与其等待万物自我生息，不如发挥人的才能促使万物生息繁衍；与其谋求万物以满足自己的私欲，不如顺应万物之理促使万物各得其宜；与其考虑上天是怎么创生万物的问题，不如尽自己的能力去成就万物。清儒王先谦解释说："物之生虽在天，成之则在人也。此皆言理平丰富，在人所为，不在天也。若废人而妄思天，虽劳心苦思，犹无益也。"[①] 基于天人相分的理念，荀子认为天人各司其职，人应该充分利用和发挥天赋的能力，顺应天地万物的法则，做好自己的事情，而不是去与天争职。那么，如何制天命而用之呢？荀子从修身与治国两个层面来讨论这个问题。

---

① （清）王先谦：《荀子集解》，中华书局 1988 年版，第 317 页。

从修身的层面上讲，荀子所谓制天命而用之，是指在承认人性恶的基础上强调学习对于性情的矫正作用，通过学习礼法化性起伪，成就圣贤君子人格。荀子认为人性恶作为一种"天命"并非是不可改变的，而是可以通过学习礼法化性起伪。荀子以人天生的情欲为性，好逸恶劳、饥而欲饱等等作为本能是无所谓善恶的，但放纵本能就会导致社会动乱，从这个角度讲天生的本能之性是恶的。人性既然是天生的，自然就"不可学，不可事"，不管怎么学习改造都不会改变饥而欲饱、劳而欲休的本性，但是却可以在一定程度上节制本性的欲求，甚至改变本能的选择。比如，尽管"饥而欲食，寒而欲暖，劳而欲息，好利而恶害，是人之所生而有也"（《荀子·非相》），但我们却可以做到"见长而不敢先食者，将有所让也；劳而不敢求息者，将有所代也"（《荀子·性恶》）。那么，人为什么能够做到节制甚至改变本能的欲求呢？荀子认为，原因就在于人的心有思虑、抉择的理性能力。

> 生之所以然者谓之性，性之和所生，精合感应，不事而自然谓之性。性之好、恶、喜、怒、哀、乐谓之情，情然而心为之择谓之虑。心虑而能为之动谓之伪，虑积焉、能习焉而后成谓之伪。（《荀子·正名》）

人性是天地阴阳交感所生，人性在与外物相交接的过程中必然会产生好、恶、喜、怒、哀、乐等情欲。人的情欲虽然无穷无尽，但人心却有思虑抉择的能力。人心以礼法为标准对情欲进行抉择，符合礼法的就满足，违背礼法的就禁止（或者进行一定的约束，在符合礼法的范围内适当的予以满足），这样就能对人的性情进行矫正和规范。当然，人心虽然能够思虑抉择，但也需经过学习积累和实践锻炼才能熟练地做到这一点，这就是荀子所说的"化性起伪"。伪即通过人为的努力对天生的性恶进行约束和引导，从而符合礼法的要求。

在人为的努力方面，荀子特别强调学习的作用。《荀子》开篇即是《劝学》，至于学习的内容和目标过程，荀子说："其数则始乎诵经，终乎读礼；其义则始乎为士，终乎为圣人。真积力久则入，学至乎没而后止也。"（《荀子·劝学》）从学习的内容上讲，作为儒家的代表人物，荀子自然主张学习儒家经典，其中以《礼》为最终归宿，因为《礼》是教人修身的最佳教材。学习的目的在于修身，即矫正性情，其结果表现为士人、君子、圣人的依次递进，其中以圣人为最高目标。荀子认为，必须经过真诚的、长期的学习与实践才能达成这一目标，因而可以说生命不息学习不止，人是需要终生学习的。

在学习的过程中，荀子认为，师友发挥着重要的作用。荀子说："非我而当者，吾师也；是我而当者，吾友也；谄谀我者，吾贼也。故君子隆师而亲友，以致恶其贼。好善无厌，受谏而能诚，虽欲无进，得乎哉！"（《荀子·修身》）师友在我们学习的过程中发挥着批评指导、鼓励肯定的功能，相反，谄媚奉承我们的人会诱导我们堕落，因而是我们的敌人。所以，君子尊重老师亲近朋友，厌恶远离阿谀奉承之人。在师友的帮助下好善不倦，知错能改，不停地学习，不断地进步。荀子指出："人之生固小人，无师无法则唯利之见耳。"（《荀子·荣辱》）每个人就其天生的本性来说都是小人，如果没有师友的辅助、礼法的约束，人只会顺应本能的情欲而唯利是图。要矫正人性的缺陷，只有亲师友、行礼法一个方法。荀子说："凡治气养心之术，莫径由礼，莫要得师，莫神一好，夫是之谓治气养心之术也。"（《荀子·修身》）治气养心最好的方法就是遵循礼法行事、得到老师好友的指导，以及把向善作为自己唯一的爱好。最后，荀子总结说："故有师法者，人之大宝也；无师法者，人之大殃也。"（《荀子·儒效》）只有在师法的辅助下才能做到化性起伪，制天命而用之。

从治国的层面上讲，荀子所谓制天命而用之，是指人类社会的治乱兴衰完全是由人自身的因素决定的，通过发挥主观能动性，就能扭转上天所致的不利形势，促使天下实现太平。荀子充分肯定了人的主观能动性，他在《王制》中指出，北海有快马、良犬，我们却可以蓄养驾驭它们；南海有鸟羽、象牙、皮革、青铜、丹砂等，我们却可以贩卖这些物产而从中牟利；东海有紫贝、蚌蛤、鱼虾、食盐等，我们却可以获取这些海产而用之于衣食；西海有豺狼虎豹的皮革、牦牛绵羊的毛角等，我们却可以充分地利用这些皮毛。不仅如此，渔民不砍柴却不缺木柴用，山民不打渔却不缺鱼虾吃，农夫不事手工却不缺铁器、陶器，商人不事生产却不缺粮食、衣服。这究竟是什么原因呢？

水火有气而无生，草木有生而无知，禽兽有知而无义，人有气、有生、有知，亦且有义，故最为天下贵也。力不若牛，走不若马，而牛马为用，何也？曰：人能群，彼不能群也。人何以能群？曰：分。分何以能行？曰：义。故义以分则和，和则一，一则多力，多力则强，强则胜物，故宫室可得而居也。故序四时，裁万物，兼利天下，无它故焉，得之分义也。(《荀子·王制》)

荀子认为，人与水火、草木、禽兽等事物的区别在于人有"义"。从荀子的思想可知，荀子所谓义指的是人类基于礼法而来的理性分辨能力以及事物的规律、秩序与分类等。正是因为人类有义：一方面人类自身能够组成一个有条不紊的群体，实现团队协作，展现出强大的力量，能够驾驭、制裁万物；另一方面人类基于自身的理性分辨能力，对万物进行分类，发现万物的规律，赋予万物以秩序，从而更加高效地制裁、利用万物。荀子总结说："故虎豹为猛矣，然君子剥而用之。故天之所覆，地之所载，莫不尽其美，致其用，上以饰贤良，下以养百姓而安乐之，夫是之谓大神。"(《荀子·王制》)人类运用自己的能力，物尽其用，人尽其才，从而实现百姓安乐、天下太平的理想目标，荀子认为这是人类最神奇的地方。具体到治国安邦的实际措施，荀子提出"隆礼重法"的方案。

首先，荀子探讨了礼义、礼法的起源问题。因为按照荀子的性恶理论，人性都是向恶的，那么约束人性、促使人类向善的礼义、礼法来自于哪里呢？针对这种质疑，荀子指出，礼义并非出自于人性，而是出自于圣人的发明制作，即"圣人之伪"。比如，陶器出自陶工的制作，而不是出自陶工的人性；木器出自木匠的制作，而不是出自木匠的人性。同样道理，礼义法度出自圣人的制作，而不是出自圣人的人性。荀子说："圣人积思虑，习伪故，以生礼义而起法度，然则礼义法度者，是生于圣人之伪，非故生于人之性也。"（《荀子·性恶》）人心有思虑抉择的理性能力，普通人放纵情欲从而遮蔽了这种能力，唯独圣人能够运用理性能力发明制作礼义法度，进而用礼义法度约束人的情欲。

其次，荀子认为在贯彻落实以礼义法度治国安邦的实践中，君子发挥着至关重要的作用。荀子指出，天地是万物生命的开始，礼义法度是国家社会治理的开始，君子是贯彻落实礼义法度的开始。君子之所以是君子，是因为君子能够做到践行礼义法度、贯通礼义法度、长时期地践行和重视礼义法度、爱好礼义法度等。

> 故天地生君子，君子理天地。君子者，天地之参也，万物之总也，民之父母也。无君子，则天地不理，礼义无统，上无君师，下无父子，夫是之谓至乱。（《荀子·王制》）

荀子的意思是说，君子为天地所生，但君子能够反过来经理、制裁天地万物，而君子用来经理、制裁天地万物的工具就是礼义法度。荀子认为，君子是治理天地万物的参与者，是万事万物的总括者，是爱护养育百姓的父母。假如没有君子，那么天地万物将会失序，礼义法度也就没有了践行者和贯彻者，无论政治社会还是父子家庭将会彻底混乱，由此可见君子在治国安邦中的重要性。

最后，基于上述两点，荀子提出以"隆礼重法"和"尚贤使能"为纲领的治理措施。荀子说："隆礼至法则国有常，尚贤使能则民知方，纂论公察则民不疑，赏克罚偷则民不怠，兼听齐明则天下归之。然后明分职，序事业，材技官能，莫不治理。"（《荀子·君道》）礼义法度是国家的纲常，贤能君子是百姓的榜样，允许言论自由百姓就不会疑惑，赏赐勤勉者、惩罚偷懒者百姓就不会懈怠，听从多方意见、采纳多方观点就能获得天下的归附。做到以上几点，然后再明确划分官员的职位和责任，将天下百工的事业分门别类予以管理，以技艺和能力的高低评判官员与百工，这样政治社会就能得到彻底的治理。荀子总结说："君人者，隆礼尊贤而王，重法爱民而霸，好利多诈而危。欲近四旁，莫如中央，故王者必居天下之中，礼也。"（《荀子·大略》）说到底，礼法是治理天下的总纲要与总抓手。

综上所述，荀子的"制天命而用之"是儒家另一种形态的天人合一学说。它不同于孔子的"践仁知天"，也不同于孟子由"人皆有不忍人之心"上达至天人合一的道德境界。而是在承认人类情欲之恶的基础上，强调礼义法度对人性的约束和规范作用。同时主张充分发挥人的主观能动性，利用天地万物为人类服务。在人类对天地万物的裁制、利用层面上，天人实现了合一，这是荀子对人类理性能力的高扬，彰显了人本主义的光辉。

 知识链接 ··

荀子与儒法融合

荀子生活在战国晚期，处于大一统王朝形成的前夜。在理想与现实的冲突面前，荀子开创性地将儒法两家思想进行结合：一方面，荀子继承了孔孟以来儒家传统的仁政德治思想，尤其是对儒家以仁德为内核的礼治进行了系统的阐发；另一方面，荀子充分吸收法家的理论，承认刑罚在现实治理中的重要作用，并将法家的法与儒家的礼进行融合，提出隆礼重法的主张，开创了礼法融合的先河。荀子对于礼的认识与解读大体上继承了孔子，但荀子的礼观较之孔子又有一些差异：首先，孔子的礼治思想以统治者对百姓的仁爱为核心，荀子的礼治思想以臣民对君主的忠诚为核心；其次，孔子强调礼的道德规范作用，荀子强调礼的法治内涵；最后，孔子的礼是一种柔性规范，荀子的礼具有法的性质，是一种刚性规范。从荀子与孔子在礼观上的差异，可以看出荀子的思想更为倾向于法家。荀子的弟子韩非、李斯成为法家的著名代表人物不是偶然的，他们充分发展了荀子理论中的法治思想，为秦汉以后中国儒法融合治理模式的形成做出了巨大贡献。

七、齐鲁文化天人合一智慧的时代价值

文化人类学一般把"文化"理解为人类既有的生存方式或行为模式，与此相应，梁漱溟认为，文化是一个民族的生活的样法。按照这种对文化的理解，既有的生存方式、生活样法发生了改变，相应的文化也会随之逐渐发展变化。随着历史的演进，齐鲁文化作为先秦时期滋生于齐鲁大地上的地域文化，早已融入中华文化的主流之中，由齐鲁文化孕育的天人合一智慧也变成了中华优秀传统文化的精神特质。21世纪的今天，我们的生产生活方式与先秦时期相比发生了翻天覆地的变化。那么，作为传统的齐鲁文化及其天人合一智慧如何回应当今的时代背景与现实问题，并转化为与当今的生产生活方式相适应的文化新形态？这是值得我们深入研究的问题。

（一）"第二个结合"视域下的齐鲁文化与天人合一

美国政治思想家塞缪尔·亨廷顿在其名著《文明的冲突》中指出，世界不同民族间的文明差异必然导致文明的冲突，21世纪国际关系的主题就是文明冲突的全面展开。[①] 在我们看来，亨廷顿的观点是片面的，文明的差异固然可能导致冲突，但也可以带来不同文明间相互尊重、相互欣赏基础上的交流互鉴。习近平总书记指出："交流互鉴是文明发展的本质要求，也是推动人类文明进步和世界和平和发展的重要动力。中华文明是在同其他文明不断交流互鉴中形成的开放体系，在兼收并蓄中历久弥新。"[②] 因而，不同于亨廷顿的观点，我们主张不同文明间的交流互鉴，拒绝文化优越论，抵制不同文明间的敌对和冲突。

在不同文明交流互鉴的大背景下，中国有着自身的特色：一方面，中华文明有着悠久的历史文化传统，中华优秀传统文化是我们的根与魂；另一方面，中国又是以马克思主义为指导的社会主义国家，马克思主义是我们的命与脉。这种特色决定了我们必须在马克思主义基本原理同中华优秀传统文化相结合

[①] ［美］塞缪尔·亨廷顿：《文明的冲突》，周琪等译，新华出版社2013年版，第159页。
[②] 习近平：《在会见出席中国国际友好大会暨中国人民对外友好协会成立70周年纪念活动外方嘉宾时的讲话》，《人民日报》2024年10月12日。

的基础上，实现与世界其他优秀文明的交流互鉴。习近平总书记在党的二十大报告中指出："中国共产党人深刻认识到，只有把马克思主义基本原理同中国具体实际相结合、同中华优秀传统文化相结合，坚持运用辩证唯物主义和历史唯物主义，才能正确回答时代和实践提出的重大问题，才能始终保持马克思主义的蓬勃生机和旺盛活力。"① 其中，把马克思主义基本原理同中华优秀传统文化相结合就是"第二个结合"，"第二个结合"为文化传承发展工作提供了根本遵循。齐鲁文化及其天人合一智慧要想回应当今的时代背景与现实问题，转化为与当今的生产生活方式相适应的文化新形态，首先必须遵循的根本原则和指导思想就是"第二个结合"。具体来说，就是探寻马克思主义基本原理同齐鲁文化中天人合一智慧的契合点及其可能的路径。

2023 年 6 月 2 日，习近平总书记在文化传承发展座谈会上的讲话中指出，中华优秀传统文化有很多重要元素，"天人合一、万物并育的生态理念"就是其中之一，这些元素共同塑造出中华文明的突出特性。② 在中华优秀传统文化中，天人合一的精神理念蕴含着人与自然和谐共生的价值追求。中华优秀传统文化和谐共生的价值理念与马克思主义生态观在心境、伦理、审美等方面相契合，在"两个结合"的时代背景下，中国

---

① 《习近平著作选读》第一卷，人民出版社 2023 年版，第 14 页。
② 习近平：《在文化传承发展座谈会上的讲话》，《求是》2023 年第 17 期。

式现代化生态文明建设需要融贯马克思主义生态观与中华优秀传统文化和谐共生的价值理念。①

马克思反对抽象地谈论自然，即运用非实践的方式来看待自然。换言之，就是把对自然的考察与人的目的性的活动分离开来。② 马克思所说的自然指的是人化自然，是指人类在与自然打交道的过程中被打上人类印记的自然。比如，在论述人的感觉的形成及其丰富性时，马克思说："不仅五官感觉，而且连所谓精神感觉、实践感觉（意志、爱等等），一句话，人的感觉、感觉的人性，都是由于它的对象的存在，由于人化的自然界，才产生出来的。"③ 所谓人化的自然界，就是作为人的感觉、认识和实践活动对象的自然界，人在实践活动中将自己的意志、目的施加于自然界之上，这个时候的自然界就不再是人类产生之前或者未经人类涉足过的自然界了，而是烙下了人类深深的印记。只要人类继续存在，自然界就处在不断地被人化的过程中，人类登月就证明了这一点。同样的，在自然界被不断人化的过程中，人类的活动范围越来越宽广、情感意志越来越多样、知识需求越来越丰富。④ 由此可见，在马克思那

---

① 李征：《天人合一的宇宙观：人与自然和谐共生的文化根基》，《山东社会科学》2023 年第 6 期。

② 俞吾金：《重新理解马克思》，北京师范大学出版社 2005 年版，第 116 页。

③ 《马克思恩格斯文集》第 1 卷，人民出版社 2009 年版，第 191 页。

④ 俞吾金：《重新理解马克思》，北京师范大学出版社 2005 年版，第 332 页。

里，人与自然的关系并不是割裂对立的，而是一个密切联系的整体。

马克思认为，人与自然的辩证关系包括两个方面：一方面，马克思说："自然界，就它自身不是人的身体而言，是人的无机的身体。"① 意思是说，人是自然的产物，从自然中获取生存资料，离开自然的馈赠，人类将无法生存。从这个角度说，人与自然是一体的。另一方面，马克思说："社会是人同自然界的完成了的本质的统一。"② 意思是说，人与自然的一体关系形成了社会这样一种组织形态，只有在社会中，人与自然的关系才能得到完整的展现。从这个角度说，在社会中，自然被彻底的人化了。简言之，马克思认为，在人类从自然中索取生活资料的过程中，自然被人化了，人与自然获得辩证统一。也就是说，人与自然之间是一种对象性关系：首先，自然是人的对象，人的意志、需求、欲望等在自然中得到体现和满足，自然证明了人的存在；其次，人也是自然的对象，自然通过人的生产生活实践证明了自身的存在，脱离了人的自然界是不存在的。总之，正是在这种互为对象的关系中，人与自然成为一个有机的整体。

马克思认为，人类与其他动物一样，从产生起就自发的从自然中获取生活资料。但是，由于人类是类存在物，即对自己

---

① 《马克思恩格斯文集》第 1 卷，人民出版社 2009 年版，第 161 页。
② 《马克思恩格斯文集》第 1 卷，人民出版社 2009 年版，第 187 页。

的活动有自觉意识，并且人类懂得制造和使用工具，这就促使人类劳动的产生。早期的人类劳动，从采摘、渔猎发展到农耕活动以及简单的手工业，这个时候由于生产力的低下，人与自然仍然处于一种和谐的关系中。随着资本主义的产生，劳动发生了异化，劳动者从自然获取生活资料的劳动变成了资本家追逐剩余价值的手段，劳动者与自然的一体关系被撕裂了。资本家对剩余价值的追逐是没有止境的，因而，人对自然的索取也就变得贪得无厌，人与自然的关系由和谐并存转为尖锐对立。正如马克思所预料的那样，土地的过度开垦，森林的过度砍伐，矿产资源的过度开采……随着资本主义的发展，生态危机被人们越来越深切地感受到。自然界的生态平衡一旦被破坏，它就倒过来对人类实施报复。马克思认为，资本主义社会归根结底不能恰当处理人与自然的关系问题，只有到了共产主义社会人类才能合理调节人与自然之间的物质交换，真正达到人与自然的统一。①

以上简单阐述了马克思对人与自然关系的看法，笔者认为，齐鲁文化蕴含的天人合一智慧与马克思所说的人与自然的统一有着深度的契合，主要表现在以下三个方面：

首先，二者都是在实践的视域下讨论人与自然关系问题的。实践是马克思哲学的核心观念，指的是人对世界的认识和

---

① 俞吾金：《重新理解马克思》，北京师范大学出版社 2005 年版，第335 页。

改造活动，正是在这种实践活动中人与自然的关系问题才得以展开。齐鲁文化虽然没有明确提出实践概念，但齐鲁先哲所关注的同样是如何应对现实世界的问题。司马谈在《论六家要旨》中指出："《易大传》：'天下一致而百虑，同归而殊涂。'夫阴阳、儒、墨、名、法、道德，此务为治者也，直所从言之异路，有省不省耳。"意思是说，诸子百家虽然思想各有不同，但其理论目的是一样的，都是为了治理天下。正是在这种政治社会治理实践中，孔子、墨子、管子、孟子、邹子、荀子等齐鲁文化的优秀代表发展出天人合一的思想智慧。

其次，二者都主张顺应自然、尊重自然，反对对自然横征暴敛。马克思提出异化劳动的概念，揭示的就是资本主义的罪恶，批判了资本家对自然无度的索取。因为资本就其本性来讲就是为了增殖，因而它把世界人民的需求作为它的市场，把世界各地的自然资源作为它生产的原材料。马克思说，资本主义带来了世界史，在此之前各民族都是独立发展的，资本的扩张运动促使世界成为一个密切联系的整体。与此同时，资本所到之处自然枯竭、生态破坏，人与自然尖锐地对立着。马克思所批判的这种现象恰好可以从齐鲁文化的天人合一观念中寻求解决的方案。孔子主张天地万物有其自身运行规则，孔子曰："天何言哉，四时行焉，百物生焉。"人应当敬畏天地，爱惜万物，孔子提倡"钓而不纲，弋不射宿"，为人与自然的可持续发展留下空间。墨子从人类长远发展的角度出发，指出人应当保护自然环境，墨子的节用思想一方面要求统治者严禁奢靡之风，另一方面还要求人们节约自然资源，保护自然环境，以低消耗的方式维持人类社会的可持续发展。《管子》提倡顺应春生、夏长、秋收、冬藏的节令变化安排生产生活，孟子主张"斧斤以时入山林"，反对涸泽而渔、焚林而猎等。齐鲁文化的自然观对当今的生态环境问题有着重大的启示意义，这是传统天人合一智慧的当代应用和价值体现。

最后，二者都追求人与自然的整体和谐。马克思认为，在共产主义社会，随着异化劳动的解除，劳动者与自然之间的撕裂走向弥合：一方面，人类可以在不伤害自然的前提下从自然中获取充足的生活资料；另一方面，自然也在人的实践活动中完全的人化。人与自然实现真正的辩证统一。齐鲁文化的天人合一理念认为，人与自然本来就是一个有机的生命体。从生成的角度讲，人与自然万物都是由阴阳五行之气形成的，并且按照阴阳五行的时空框架运行和存在，这种同质、同构性决定了天、地、人、物是一个有机的生命整体。正是基于这一点，传统医学把天地万物视为一个大宇宙，而人类个体则是一个小宇宙。一方面，小宇宙是大宇宙的有机组成部分；另一方面，小宇宙与大宇宙同质同构，因而可以同频共振。由此引申出中国人的健康保健思想和养生观念，即最好的保健和养生就是与天地合一，顺应天地的运行规则，与万物和谐一致。齐鲁文化认为，人类基于自己的私欲戕害自然，实际伤害到的是人类自身。所以在处理人与自然的关系问题时，一方面要做到不妄为，即尊重自然，顺应自然；另一方面还需做到有作为，即参赞天地之化育，促成万物之生长。只有这样才能实现人与自然的共生共荣。

综上所述，从文化的角度讲，当前马克思主义基本原理同中华优秀传统文化相结合势在必行。因而，作为传统的齐鲁文化及其天人合一智慧要想转化为与当今的生产生活方式相适应的文化新形态，必须自觉地置身于"第二个结合"的框架内，以"第二个结合"为根本遵循思考自身现代化问题。通过上面的简单论析，不难看出齐鲁文化与马克思主义基本原理在人与自然的关系问题上是高度契合的，正是这种契合可以让二者在当前的政治经济形势下通过交流互鉴共同应对现实问题，为人类社会发展中遇到的环境问题提出合理的解决方案。当然，我们也应该意识到齐鲁文化所谓天人合一并不单纯是在讨论人与自然的关系问题，它还包括宗教神学以及道德心性等多层面的内涵，这些层面的内涵与马克思主义基本原理的关系问题也是值得探讨的，这有待于我们继续努力。

（二）做好齐鲁文化中天人合一智慧的"两创"工作

在"第二个结合"的时代背景下，做好齐鲁文化天人合一智慧的"两创"工作，是促使传统天人合一思想实现现代化，转化为适应于当今生产生活的文化新形态的有效途径。党的十八大以来，习近平总书记在继承和弘扬中华优秀传统文化问题上发表了一系列重要讲话，在充分肯定传统文化当代价值的前提下，着眼于中华民族伟大复兴的美好愿景，积极地挖掘和阐发中华优秀传统文化的思想精华，做到"有鉴别地加以对待，有扬弃地予以继承"，使中华优秀传统文化"与当代文化相适应，与现代社会相协调"，全面推进中华优秀传统文化"创造性转化，创新性发展"，不断铸就中华文化新辉煌。① 习近平总书记的传统文化观为我们从事传统文化的研究与传承工作提供了根本遵循，在习近平文化思想的指导下，努力做好齐鲁文化中天人合一智慧的"两创"工作势在必行。

2013 年 12 月，习近平总书记在中央政治局第十二次集体学习时首次提出"两创"要求。此后，习近平总书记在多种场合和语境中使用了"两创"概念。需要注意的是，"两创"所针对的是中华优秀传统文化，即"跨越时空、超越国度、富有永恒魅力、具有当代价值的文化"②。用这个标准来衡量，齐鲁文化及其天人合一智慧作为中华优秀传统文化的一个重要组成部分，当然在文化"两创"的范围内。那么，究竟什么是"创造性转化、创新性发展"呢？习近平总书记指出："创造性转化，就是要按照时代特点和要求，对那些至今仍有借鉴价值的内涵和陈旧的表现形式加以改造，赋予其新的时代内涵和现代表达形式，激活其生命力。创新性发展，就是要按照时代的新

---

① 姜喜任：《论习近平关于继承和弘扬传统文化的三个方针》，《思想政治教育研究》2018 年第 6 期。

② 《建设社会主义文化强国，着力提高国家文化软实力》，《人民日报》2014 年 1 月 1 日。

进步新进展，对中华优秀传统文化的内涵加以补充、拓展、完善，增强其影响力和感召力。"① 可见，不论是创造性转化还是创新性发展，二者所针对的都是中华优秀传统文化在新时代背景下的继承与创新问题。具体到齐鲁文化及其天人合一智慧的"两创"工作，在继承和弘扬齐鲁文化天人合一智慧的过程中，应当正确处理继承与创新的关系问题。所谓继承与创新的关系包括三个要点：

首先，继承是基础。齐鲁文化中的天人合一智慧就其主体来说属于中华优秀传统文化的组成部分，习近平总书记多次指出，与天下为公、民为邦本、修齐治平、厚德载物等一样，天人合一也是中华优秀传统文化的重要元素。② 因而，我们应当予以积极地继承。从工作方法的角度讲，继承并不是简单盲目的，习近平总书记指出："传承中华文化，绝不是简单复古，也不是盲目排外，而是古为今用、洋为中用，辩证取舍、推陈出新，摒弃消极因素，继承积极思想，'以古人之规矩，开自己之生面'，实现中华文化的创造性转化和创新性发展。"③ 因而，在继承齐鲁文化天人合一智慧的过程中，我们应当辨别天人合一的思想来源、价值内涵、使用语境等。

比如，孔子"践仁知天"的天人合一智慧究竟在何种意义

① 中共中央宣传部编：《习近平新时代中国特色社会主义思想学习纲要》，学习出版社 2023 年版，第 194 页。
② 习近平：《在文化传承发展座谈会上的讲话》，《求是》2023 年第 17 期。
③ 习近平：《在文艺工作座谈会上的讲话》，《求是》2024 年第 20 期。

上能够应用于当今的生产生活中？孔子所谓仁，维护的是宗法社会的等级秩序，如今宗法社会早已消亡，每个人都以自由个体的形式存在于市场经济体制下，那么我们如何来践行仁进而通晓天命呢？实际上，孔子的仁是以血缘为基础推及每一个生命个体的真实情感体验。也就是说，仁基于人类个体的生命情感。从这个角度讲，不论是宗法社会还是市场经济体制，人的生命情感体验是始终存在的，只不过其表达的形式不一样罢了。这样的话，仁作为生命情感在当今时代也就有了生存的余地和空间。现代人同样需要仁爱，或者说更为需要仁爱，仁爱可以给予陷入异化和内卷的现代人以心灵的慰藉。通过仁爱的回归，我们可以在一定程度上摆脱异化，体会生命的本真，这是新时代的"践仁知天"。

又如，墨子的"天志明鬼"思想，一般来说我们会把墨子的"天志明鬼"归入唯心主义而加以批评。毫无疑问，对唯心主义的批判当然是正确的。需要考虑的是，墨子的"天志明鬼"在当代能否获得积极的意义？追溯墨子本意，他探究天命鬼神意志的目的在于借助天的权威抑制和约束统治者的胡作非为。着眼于当今资本的无节制扩张，当下的人类是否也需要一个超越的权威对其行为进行抑制和约束？当然这个超越的权威不一定非得采取宗教的形式，而可以诉诸公约、法律、制度等。墨子解决问题的具体方法应当抛弃，而其对问题的分析及其思路却是值得继承的。

习近平总书记指出："中华文化源远流长，积淀着中华民族最深层的精神追求，代表着中华民族独特的精神标识，为中华民族生生不息、发展壮大提供了丰厚滋养。"① 在世界四大文明古国中，中华文明是唯一传衍至今未曾断绝的文明，之所以会有这样旺盛的文化生命力，原因就在于中国文化自身有着继承创新的机制与能力。只有坚持对传统文化的批判性继承，夯实基础，积攒力量，中国文化的未来之路才能走得更远、更长久。

其次，转化是方向。时代在发展变化，齐鲁文化中的天人合一智慧必须顺应时代发展，转化为满足当前政治社会需要和百姓文化需求的当代文化。从哲学的角度讲，矛盾是普遍存在的，矛盾双方通过对立和斗争，在一定条件下，各自向着和自己相反的方向转化，向着对立方面转化。老子曰："反者道之动。"（《道德经·第四十章》）毛泽东说："矛盾着的对立的双方互相斗争的结果，无不在一定条件下互相转化。在这里，条件是重要的。没有一定的条件，斗争着的双方都不会转化。"② 齐鲁文化及其天人合一智慧在当今所面临的内部矛盾就是旧与新、传统与现代的矛盾，这对矛盾斗争的结果必然是相互转化。习近平总书记之所以提出"创造性转化"的命题，就是因为当今新旧矛盾、传统与现代的矛盾已经具备了转化的条件，因而我们要着力促成这种转化。

---

① 《习近平谈治国理政》第一卷，外文出版社 2018 年版，第 164 页。
② 《毛泽东文集》第七卷，人民出版社 1999 年版，第 239 页。

齐鲁文化及其天人合一智慧创造性转化的关键条件有两个：一是时代发展，二是人民需求。从时代发展的角度讲，鸦片战争以来，伴随着西方坚船利炮而来的是西方资本主义文化，西方文化对中国传统文化具有摧枯拉朽的冲击力。在这种东西方文明冲突下，针对中国文化何去何从的问题，当时的中国出现了自由主义的"全盘西化"派、保守主义的"儒学复兴"派和马克思主义的"综合创新"派。① 历史已经证明，"全盘西化"派和"儒学复兴"派都是错误的，只有马克思主义"综合创新"派才能代表中国文化的未来和希望。近现代以来，伴随着民族独立和国家富强的坚定步伐，中国人民也从清末民国时期的文化自负、文化自卑逐步转化为新中国成立后的文化自觉与文化自信。正是在这样一种时代背景下，坚持综合创新，推动中华优秀传统文化的"两创"工作显得尤为迫切，作为中华优秀传统文化的重要组成部分，齐鲁文化及其天人合一智慧的创造性转化也是题中应有之义。

从人民需求的角度讲，早在两千多年前管子就曾指出："仓廪实而知礼节，衣食足而知荣辱。"（《管子·牧民》）美国社会心理学家马斯洛提出需求层次理论，他认为人的需求从低到高分为生理、安全、社交、尊重以及自我实现等五个层级。② 不

---

① 张小平、杨俊峰：《"马魂中体西用"与文化体用问题纵横谈——访中国社会科学院学部委员方克立教授》，《马克思主义研究》2017年第5期。

② [美]马斯洛：《马斯洛人本哲学》，成明编译，九州出版社2003年版，第52页。

论管子还是马斯洛都表达了一个共同的观点，即人民需求分为物质和精神两个方面，在满足了基本的物质需求之后，人民还需要精神层面的满足。习近平总书记在党的十九大报告中指出："中国特色社会主义进入新时代，我国社会主要矛盾已经转化为人民日益增长的美好生活需要和不平衡不充分的发展之间的矛盾。"① 人民日益增长的美好生活需要包括很多方面，其中精神文化需要是一个关键部分。当今，齐鲁文化及其天人合一智慧作为中华优秀传统文化的重要组成部分，对于对治人民群众的精神内耗、解答人民群众的精神困惑、满足人民群众的精神需求有着重要的意义。因而，齐鲁文化及其天人合一智慧应当转化为人民群众喜闻乐见的文化形式，在日常生活中处处展现，满足人民群众的精神需求。

最后，创新是目的。习近平总书记指出："创新是一个民族进步的灵魂，是一个国家兴旺发达的不竭动力，也是中华民族最深沉的民族禀赋。在激烈的国际竞争中，惟创新者进，惟创新者强，惟创新者胜。"② 实现中国文化伟大复兴的路径只有一条，那就是创新，而且这种创新是一种综合的创新，即广泛吸收世界各民族的优秀文化因素为我所用，在坚持民族文化主体性的基础上熔铸创造出中国文化的新境界。正如张岱年所说："我所以于创造之外又言综合，因为创造不能凭空，必有

---

① 《习近平著作选读》第二卷，人民出版社 2023 年版，第 9 页。
② 《习近平谈治国理政》第一卷，外文出版社 2018 年版，第 59 页。

所根据，我们可以根据东西两方文化的贡献，作为发展之基础。所谓创造的综合，即不止于合二者之长而已，却更要根据两方之长加以新的发展，完全成一个新的事物。"① 也就是说，中国文化的综合创新不是把各种文化因子随意机械地拼凑在一起，而是依据文化发展规律，找到各种优秀文化因子之间的内在联系，把它们移植嫁接到中国文化的主体之上，形成新的文化生命体。

在综合创新原则的指导下，齐鲁文化及其天人合一智慧必须在形式与内容两个方面发展突破才能获得无限的生机与活力。从形式的角度讲，可以借助现代化科技手段促成齐鲁文化天人合一智慧的多样化呈现。比如，在当下快节奏的日常生活中，人民群众往往把文化当作快餐来消费，因而我们可以把齐鲁文化及其天人合一智慧做成图片、短视频、综艺节目等，借助网络、手机等现代通信手段传播到大众端，满足大众的文化需求。从内容的角度讲，齐鲁文化及其天人合一智慧的综合创新必须引入别的文化元素，在古今中西的文化碰撞与交流中孕育出新的文化内涵。比如，可以把马克思的实践概念引入孔子"践仁知天"的天人合一思想中。在孔子那里，践行主要针对的是伦理道德层面的问题，孔子认为通过践行仁德可以上达对天道的体悟。而马克思的实践概念指的是创新或改变社会关系的活动，社会关系就是人与人的关系。人与人的关系不仅仅是

---

① 《张岱年全集》（第一卷），河北人民出版社 1997 年版，第 244 页。

伦理道德关系，还包括物质利益关系、情感关系、权利义务关系等多个方面。一旦引入马克思的实践概念，孔子天人合一智慧的内涵将会得到很大的扩充。也就是说，我们不仅可以在伦理道德层面追求天人合一，现实生活的方方面面都可以成为我们践行天人合一智慧的领域。换句话说，人们在创新或改变社会关系的过程中需要注意人与物、主体与客体等之间的对象性关系，摒弃以往主客二元对立的观点。这种理解方式不仅可以创新齐鲁文化及其天人合一智慧的内涵，而且具有现实意义，即可以在一定程度上对治和缓解市场经济体制下人们生活全面异化的问题。

综上所述，积极做好齐鲁文化天人合一智慧的"两创"工作有着重大的现实意义：一方面，齐鲁文化天人合一智慧的关键旨趣是政治社会治理，做好齐鲁文化天人合一智慧的"两创"工作对于当前国家治理实践有着积极的指导意义；另一方面，齐鲁文化的天人合一智慧面向广大人民群众的日常生活实践，在丰富人民群众精神文化生活的同时为人民群众解决现实生活问题提供了文化指导。总之，我们生活在一个伟大的新时代，亲身经历与见证马克思主义基本原理同中华优秀传统文化相结合，以"第二个结合"指导齐鲁文化天人合一智慧的转化创新工作，是时代赋予我们的光荣使命和重大任务。对此，我们有着义不容辞的责任。

参 考 文 献

（春秋）左丘明：《国语》，上海古籍出版社1978年版。

（汉）郑玄注，（唐）孔颖达疏：《礼记正义》，北京大学出版社1999年版。

（汉）孔安国传，（唐）孔颖达疏：《尚书正义》，北京大学出版社1999年版。

（汉）赵岐注，（宋）孙奭疏：《孟子注疏》，北京大学出版社1999年版。

（汉）刘向撰，石光瑛校释：《新序校释》，中华书局2001年版。

（汉）司马迁：《史记》，中华书局1982年版。

（汉）许慎：《说文解字》，江苏广陵古籍刻印社1997年版。

（宋）程颢、程颐：《二程集》，中华书局1981年版。

（宋）张载：《张载集》，中华书局1978年版。

（宋）朱熹：《四书章句集注》，中华书局1983年版。

（清）王先谦：《荀子集解》，中华书局1988年版。

（清）王闿运：《尚书大传补注》，上海古籍出版社2002年版。

（清）阮元校刻：《十三经注疏》，中华书局1980年版。

（清）孙星衍：《孔子集语》，上海古籍出版社1989年版。

习近平:《论坚持推动构建人类命运共同体》,中央文献出版社 2018 年版。

习近平:《论坚持人与自然和谐共生》,中央文献出版社 2022 年版。

中共中央文献研究室编:《习近平关于社会主义生态文明建设论述摘编》,中央文献出版社 2017 年版。

中共中央宣传部编:《习近平新时代中国特色社会主义思想学习纲要》,学习出版社、人民出版社 2023 年版。

《马克思恩格斯全集》第 42 卷,人民出版社 2017 年版。

郭墨兰主编:《齐鲁文化》,华艺出版社 1997 年版。

冯友兰:《中国哲学史》,华东师范大学出版社 2000 年版。

楼宇烈:《老子道德经注校释》,中华书局 2008 年版。

金良年:《论语译注》,上海古籍出版社 2004 年版。

金良年:《孟子译注》,上海古籍出版社 2004 年版。

杨天宇:《礼记译注》,上海古籍出版社 2004 年版。

王梦鸥:《邹衍遗说考》,台北商务印书馆 1966 年版。

葛兆光:《中国思想史》,复旦大学出版社 2010 年版。

王国维:《殷周制度论》,中国社会科学出版社 1997 年版。

王国维:《观堂集林》,中华书局 1991 年版。

费孝通:《乡土中国》,群言出版社 1999 年版。

徐旭生:《中国古史的传说时代》,文物出版社 1985 年版。

陈来:《古代宗教与伦理》,生活·读书·新知三联书店 2009 年版。

钱穆：《论语新解》，联经出版事业公司 1998 年版。

李泽厚：《论语今读》，安徽文艺出版社 1998 年版。

李泽厚：《中国古代思想史论》，生活·读书·新知三联书店 2009 年版。

黎翔凤：《管子校注》，中华书局 2004 年版。

李零：《郭店楚简校读记》，中国人民大学出版社 2007 年版。

李民、王健：《尚书译注》，上海古籍出版社 2004 年版。

袁珂：《山海经校注》，上海古籍出版社 1980 年版。

许维遹：《吕氏春秋集释》，中华书局 2009 年版。

梁漱溟：《东西文化及其哲学》，上海人民出版社 2006 年版。

俞吾金：《重新理解马克思》，北京师范大学出版社 2005 年版。

《张岱年全集》，河北人民出版社 1997 年版。

［美］塞缪尔·亨廷顿：《文明的冲突》，周琪等译，新华出版社 2012 年版。

［英］詹·乔·弗雷泽：《金枝》，徐育新等译，大众文艺出版社 1998 年版。

［美］马斯洛：《马斯洛人本哲学》，成明编译，九州出版社 2003 年版。

习近平：《在文化传承发展座谈会上的讲话》，《求是》2023 年第 17 期。

习近平：《在文艺工作座谈会上的讲话》，《求是》2024 年第 20 期。

钱穆：《中国文化对人类未来可有的贡献》，《中国文化》1991

年第 4 期。

赵光辉:《天人合一生态阐释的回眸与省思》,《齐鲁学刊》2022 年第 4 期。

安作璋、王克奇:《黄河文化与中华文明》,《文史哲》1992 年第 4 期。

刘震:《重思天人合一思想及其生态价值》,《哲学研究》2018 年第 6 期。

张汝伦:《绝地天通与天人合一》,《河北学刊》2019 年第 6 期。

张富祥:《由东夷古史探讨绝地天通》,《齐鲁文化研究》辑刊 2004 年。

刘宗迪:《〈尚书·尧典〉:一篇古老的傩戏"剧本"》,《民族艺术》2000 年第 3 期。

颜炳罡:《论孔子的仁礼合一说》,《山东大学学报》2001 年第 2 期。

韩星:《周公礼治思想体系探析》,《中共宁波市委党校学报》2020 年第 3 期。

白延辉:《夏商周巫史文化特色及其演变》,《当代中国价值观研究》2017 年第 6 期。

陈梦家:《商代的神话与巫术》,《燕京学报》1931 年第 20 期。

杨泽波:《孟子天人合一思想中值得注意的两个问题》,《浙江社会科学》2001 年第 4 期。

陈来:《郭店楚简之〈性自命出〉篇初探》,《孔子研究》1998 年第 3 期。

金景芳、吕绍纲：《论〈中庸〉——兼析朱熹中庸说之谬》，《孔子研究》1994 年第 2 期。

白奚：《邹衍四时教令思想考索》，《文史哲》2001 年第 6 期。

李征：《天人合一的宇宙观：人与自然和谐共生的文化根基》，《山东社会科学》2023 年第 6 期。

姜喜任：《论习近平关于继承和弘扬传统文化的三个方针》，《思想政治教育研究》2018 年第 6 期。

张小平、杨俊峰：《"马魂中体西用"与文化体用问题纵横谈——访中国社会科学院学部委员方克立教授》，《马克思主义研究》2017 年第 5 期。